OEUVRES
DE
Leconte de Lisle

POÈMES TRAGIQUES
Édition revue et augmentée

PARIS
ALPHONSE LEMERRE, ÉDITEUR
27-31, PASSAGE CHOISEUL, 27-31

M DCCC LXXXVI

ŒUVRES

DE

Leconte de Lisle

Reliure serrée

OEUVRES
DE
Leconte de Lisle

POÈMES TRAGIQUES
Édition revue et augmentée

PARIS
ALPHONSE LEMERRE, ÉDITEUR

27-31, PASSAGE CHOISEUL, 27-31

M DCCC LXXXVI

POÈMES TRAGIQUES

L'Apothéose de Mouça-al-Kébyr

La royale Damas, sous les cieux clairs et calmes,
Dans la plaine embaumée et qui sommeille encor,
Parmi les caroubiers, les jasmins et les palmes,
Monte comme un grand lys empli de gouttes d'or.

L'Orient se dilate et pleut en gerbes roses,
La tourelle pétille et le dôme reluit,
L'aile du vent joyeux porte l'odeur des roses
Au vieux Liban trempé des larmes de la nuit.

Tout s'éveille, l'air frais vibre de chants et d'ailes,
L'étalon syrien se cabre en hennissant,
Et du haut des toits plats les cigognes fidèles
Regardent le soleil jaillir d'un bond puissant.

Au-dessus des mûriers et des verts sycomores,
Au rebord dentelé des minarets, voilà
Les Mouadzyn criant en syllabes sonores :
A la prière ! à la prière ! Allah ! Allah !

Aniers et chameliers amènent par les rues
Onagres et chameaux chargés de fardeaux lourds ;
Les appels, les rumeurs confusément accrues
Circulent à travers bazars et carrefours.

Juifs avec l'écritoire aux reins et les balances,
Marchands d'ambre, de fruits, d'étoffes et de fleurs,
Cavaliers du désert armés de hautes lances
Qui courent çà et là parmi les chiens hurleurs ;

Batteurs de tambourins, joueurs de flûtes aigres,
Émyrs et mendiants, et captifs étrangers,
Et femmes en litière aux épaules des nègres,
Dardant leurs yeux aigus sous leurs voiles légers.

La multitude va, vient, s'agite et se mêle
Par flots bariolés entre les longs murs blancs,
Comme une mer mouvante et murmurant comme elle,
Tandis que le jour monte aux cieux étincelants.

Et la chaude lumière inonde la nuée,
La cendre du soleil nage dans l'air épais ;
L'oiseau dort sous la feuille à peine remuée,
Et toute rumeur cesse, et midi brûle en paix.

C'est l'heure où le Khalyfe, avant la molle sieste,
Au sortir du harem embaumé de jasmin,
Entend et juge, tue ou pardonne d'un geste,
Ayant l'honneur, la vie et la mort dans sa main.

Voici. Le Dyouân s'ouvre. De place en place,
Chaque verset du Livre, aux parois incrusté,
En lettres de cristal et d'argent s'entrelace
Du sol jusqu'à la voûte et sans fin répété.

Sous le manteau de laine et la cotte de mailles
Et le cimier d'où sort le fer d'épieu carré,
Les Émyrs d'Orient dressent leurs hautes tailles
Autour de Soulymân, l'Ommyade sacré.

Les Imâns de la Mekke, immobiles et graves,
Sont là, l'écharpe verte enroulée au front ras,
Et les chefs de tribus chasseresses d'esclaves
Dont le soleil d'Égypte a corrodé les bras.

Au fond, vêtus d'acier, debout contre les portes,
De noirs Éthiopiens semblent, silencieux,
Des spectres de guerriers dont les âmes sont mortes,
Sauf qu'un éclair rapide illumine leurs yeux.

Croisant ses pieds chaussés de cuir teint de cinabre,
Le Khalyfe, appuyé du coude à ses coussins,
La main au pommeau d'or emperlé de son sabre,
Songe, l'esprit en proie à de sombres desseins.

Car les temps ne sont plus de la grandeur austère.
Le Chamelier divin et le bon Corroyeur,
Aly, le saint d'Allah, ont déserté la terre,
Ayant fait de leur âme un ciel intérieur.

Cléments pour les vaincus de la lutte guerrière,
Ils méditaient parmi les humbles à genoux ;
Le poil de leurs chameaux, tissé dans la prière,
Non la pourpre, ceignait leurs fronts mâles et doux.

Hélas ! ils sont allés par delà les étoiles,
Et, livrant leur puissance à de vils héritiers,
S'ils vivent dans la gloire éternelle et sans voiles
Pour le monde orphelin ils sont morts tout entiers.

L'Ommyade est rongé de soupçons et d'envie.
Ses lourds coffres d'ivoire et de cèdre embaumé
Débordent, mais qui sait la soif inassouvie
D'un cœur que l'avarice impure a consumé ?

Le Hadjeb de l'Empire, huissier du seuil auguste,
Qui tient le sceau, l'épée et le sceptre, trois fois
Prosterné, dit :—Très grand, très sévère et très juste !
Bouclier de l'Islam, Protecteur des trois Lois !

Œil du Glorifié, Khalyfe du Prophète,
Qui règles l'univers du Levant au Couchant
Par la force invincible et l'équité parfaite!
Délices du fidèle et terreur du méchant!

Ainsi qu'il est écrit aux Sourates du Livre,
Puisqu'il faut rendre compte et payer ce qu'on doit,
L'homme est prêt : il attend de mourir ou de vivre.
J'ai parlé. — Soulymân écoute et lève un doigt.

Les tentures de soie, aussitôt repliées,
S'ouvrent. Un grand vieillard, sous des haillons de deuil,
La tête et les pieds nus et les deux mains liées,
Maigre comme un vieil aigle, apparaît sur le seuil.

Sa barbe, en lourds flocons, sur sa large poitrine,
Plus blanche que l'écume errante de la mer,
Tombe et pend. Le dédain lui gonfle la narine
Et dans l'orbite cave allume son œil fier.

Un sillon rouge encore, une âpre cicatrice,
Du crâne au sourcil droit traverse tout le front
Qui se dresse, bravant l'envie accusatrice,
Indigné sous l'outrage et hautain sous l'affront.

Ceux d'Yémen, d'Hedjaz, de Syrie et d'Afrique,
Pour le laisser passer s'écartent un moment,
Et lui, sans incliner sa stature héroïque,
Devant le Maître assis s'arrête lentement.

L'un foudroyé, croulé du plus haut de ses rêves,
L'autre en un rire amer faisant luire ses dents,
Comme le double éclair qui jaillit de deux glaives,
Ils échangent leur haine avec des yeux ardents.

Or, feignant par mépris de méconnaître l'homme,
Soulymân dit : — Quel est cet esclave, ô Hadjeb?
Qu'a-t-il fait? — C'est un traître, ô Khalyfe! il se nomme
Mouça-ben-Noçayr, l'Ouali du Mahgreb.

Non content d'opprimer l'Afrique et de soumettre
A son joug usurpé les Emyrs, ses égaux,
Sans attendre ton ordre et ton signal, ô Maître,
Il a passé la mer et combattu les Goths.

Pareil au noir vautour qui rôde à grands coups d'aile,
Il s'est gorgé du sang, de la chair et de l'or
Du Chrétien idolâtre et du Juif infidèle,
Volant ainsi ton bien et pillant ton trésor.

Il a voulu, rompant l'unité de l'Empire,
Ivre d'orgueil, d'envie et de rapacité,
En haine de Celui par qui l'Islam respire,
Séparer l'Orient du Couchant révolté.

Oubliant qu'il n'était qu'une impure poussière
Qu'un souffle de ta bouche emporte en tourbillons,
Il a rêvé d'enfler sa fortune grossière
Jusqu'au faîte sublime où nous te contemplons.

Et qui sait — car tout homme ambitieux et louche
S'enfonce au noir chemin par le Maudit tracé —
S'il ne reniait Dieu du cœur et de la bouche
Pour le Fils de la Vierge et son culte insensé ?

Si, relevant ceux-là qu'il renversait naguère,
A ses mauvais désirs donnant ces vils soutiens,
Il ne voulait livrer ses compagnons de guerre
Aux vengeances des chiens juifs et des loups chrétiens ?

Aussi bien, trahissant le secret de leur âme,
Pour assurer leur crime et mieux tendre leurs rêts,
Son fils, Abd-al-Azys, n'a-t-il point pris pour femme
La veuve du roi goth qui mourut à Xérès ?

Mais ta haute raison qui jamais ne trébuche
Sait rompre les desseins que l'infidèle ourdit.
Le renard, ô Khalyfe, est tombé dans l'embûche.
Le voici. Juge, absous ou condamne. J'ai dit. —

Alors, le vieux Mouça, faisant sonner sa chaîne
Et sur son âpre front levant ses bras pesants,
Cria : — Honte au mensonge et silence à la haine
Qui bave sur l'honneur de mes quatre-vingts ans !

Louanges au Très-Haut, l'Unique ! car nous sommes
De vains spectres. Il est immuable et vivant.
Il voit la multitude innombrable des hommes,
Et, comme la fumée, il la dissipe au vent.

Gloire au Très-Haut! Lui seul est éternel. Le monde
Est périssable et vole au suprême moment;
Mais Lui, roulant les cieux dans sa droite profonde,
Enflera le clairon du dernier Jugement.

Les cœurs seront à nu devant son œil sublime,
Et sur le pont Syrath, plus tranchant qu'un rasoir,
Le Juste passera sans tomber dans l'abime,
Tel qu'un éclair qui fend l'ombre épaisse du soir.

De musc et de benjoin et de nard parfumées,
Ses blessures luiront mieux que l'aurore au ciel.
Allah fera jaillir pour ses lèvres charmées
Quatre fleuves de lait, de vin pur et de miel.

Les Vierges, au front ceint de roses éternelles,
Dont les yeux sont plus clairs que nos soleils d'été
Et si doux, qu'un regard tombé de leurs prunelles
Enivrerait Yblis soumis et racheté;

Les célestes Hûris, que rien d'impur ne fane,
Blanches comme le lys, pures comme l'encens,
Entre leurs bras légers, sur leur sein diaphane,
Multiplieront l'ardeur sans déclin de ses sens.

Puis, par delà les jours, les siècles et l'espace,
Dans le bonheur sans fin au Croyant réservé,
Il verra le Très-Haut, l'Unique, face à face,
Et saura ce que nul n'a conçu, ni rêvé!

Mais, pour le vil chacal qui vient mordre et déchirer
Le vieux lion sanglant au bord de son tombeau,
Le souille de sa bave, et, devant qu'il expire,
Le dévore dans l'ombre et lambeau par lambeau ;

Pour le lâche, qu'il soit Emyr, Hadjeb, Khalyfe,
Qui blêmit de la gloire éclatante d'autrui,
Yblis le Lapidé le prendra dans sa griffe
Et crachera d'horreur et de dégoût sur lui.

Qu'ai-je à dire, sinon rien ? Car ma tâche est faite.
J'ai vécu de longs jours et je meurs, c'est la loi.
Mon sang, ma vie, Allah, les Anges, le Prophète,
Plus haut que le tonnerre ont répondu pour moi. —

— Traître ! n'atteste pas le saint Nom que tu souilles,
Dit Soulymân. Réponds, confesse ton forfait.
Les vingt couronnes d'or des Goths et les dépouilles
Des royales cités, voleur ! qu'en as-tu fait ?

Plus d'insolent silence ou de ruse subtile !
Les Emyrs d'Occident t'accusent de concert.
Rends ces trésors pour prix de ta vie inutile
Et va cacher ta honte aux sables du désert. —

— Fais plutôt rendre gorge à ce troupeau d'esclaves
Qu'engraisse la rançon des peuples et des rois,
Dit Mouça. J'ai parlé. Les sages et les braves,
O Khalyfe ! apprends-le, ne parlent pas deux fois. —

Tout pâle, Soulymân, se lève de son siège :
— Liez, tête et pieds nus, ce traître, et le traînez
Sur un âne, à rebours, et qu'il ait pour cortège
La fange et les cailloux et les cris forcenés !

Qu'un eunuque le tienne au cou par une corde ;
Que dans sa chair, saignant de l'épaule à l'orteil,
A chaque carrefour le fouet qui siffle morde,
Et tranchez-lui la tête au coucher du soleil !

Allez, et sachez tous qu'il n'est point de refuge
Devant mon infaillible et sévère équité. —
— Soit ! dit Mouça. L'arrêt, par Allah ! vaut le juge.
Khalyfe ! songe à moi dans ton éternité. —

A travers la huée et les coups, par la ville,
Sur un âne poussif bon pour d'abjects fardeaux,
Le vieux guerrier, vêtu de quelque loque vile,
Impassible, s'en va, les poings liés au dos.

La multitude hurle et le poursuit. Les pierres
Volent, heurtant sa face et meurtrissant ses bras.
Le fouet coupe ses reins saignants. Mais ses paupières
Sont closes. Il ne voit, n'entend rien, ne sent pas.

Son âme s'en retourne aux splendides années
Qui semblaient ne jamais décroître ni s'enfuir,
Où, méditant déjà ses hautes destinées,
Il quittait l'Yémen et sa tente de cuir ;

Où, farouche, enivré de jeunesse et de force,
Il criait vers le ciel, ainsi qu'un lionceau
Qui s'essaie à rugir et déchire l'écorce
Des durs dattiers dont l'ombre abrita son berceau.

Il revoit ses combats de Syrie et de Perse,
Et l'Égypte et Carthage et le désert ardent,
Et les rudes tribus qu'il pourchasse et disperse
Des gorges de l'Atlas à la mer d'Occident ;

Puis, le détroit franchi par les barques Berbères,
Et son noble étalon qui, hérissant ses crins,
Pour fouler le premier le sol des vieux Ibères
Saute parmi l'écume et les embruns marins ;

Les assauts furieux des hautes citadelles,
La mêlée où, debout sur le large étrier,
Le sabre au poing, trouant les hordes infidèles,
Il buvait à longs traits l'ivresse du guerrier ;

Et les bandes de Goths aux lourdes tresses rousses
Fuyant, la lance aux reins, par les vals et les monts,
Et les noirs cavaliers du Mahgreb à leurs trousses
Bondissant et hurlant comme un vol de démons !

Allah ! jours de triomphe, heures illuminées
Par l'héroïque orgueil hérité des aïeux !
Quand, du mont de Tharyk jusques aux Pyrénées,
L'étendard de l'Islam flottait victorieux ;

Quand les Chrétiens, traqués aux rocs des Asturies,
Sur les sommets neigeux, au fond des antres sourds,
Loin des belles cités et des plaines fleuries
Vivaient avec les loups, les aigles et les ours!

Mouça, dans ses liens, hausse toute sa taille,
Et sous ses sourcils blancs darde des yeux en feu :
— O Croyants! balayez de bataille en bataille
Ces chiens blasphémateurs du Prophète de Dieu!

Semblables aux torrents tombés des cimes blanches,
Sur le pays d'Afrank ruez-vous, mes lions!
A vous les fruits dorés qui font ployer les branches,
La beauté de la vierge et le grain des sillons!

Enseignez la Loi sainte à l'idolâtre immonde!
Ni trêve ni repos à ces buveurs de vin!
Portez le nom d'Allah jusqu'aux confins du monde
Et ne vous reposez qu'au Paradis divin! —

Ainsi parle le vieux héros dans son délire,
Et la boue et la pierre et l'injure et les coups,
Et la clameur féroce et l'exécrable rire
Le submergent comme un assaut de mille loups.

Mais, au Liban lointain, la flamme occidentale,
Par flots rouges, s'enflant de parois en parois,
Inonde les rochers qu'elle allume, et s'étale
Sur les cèdres anciens, immobiles et droits.

C'est l'heure de la mort. Le supplice est au terme.
Voici le carrefour funèbre et le pavé.
Un sombre Éthiopien dégaine d'un poing ferme
Le sabre grêle et long tant de fois éprouvé.

La foule, alors, dont l'œil multiple se dilate,
Voit se transfigurer l'homme aux membres sanglants.
Ses haillons sont d'azur, d'argent et d'écarlate;
La cotte d'acier clair luit et sonne à ses flancs.

Il n'est plus garrotté sur le morne squelette
Qu'un eunuque abruti traîne par le licou,
Et qui geint de fatigue, et qui butte, et halète,
Et tend son maigre col d'un air sinistre et fou.

Eunuque, Éthiopien, âne poussif et gauche,
Tout s'efface. Lui seul surgit, l'épée en main.
Sa barbe et ses cheveux rayonnent. Il chevauche
La Créature auguste aux lèvres de carmin,

Aux serres d'aigle, avec dix blanches paires d'ailes,
Al-Borak, dont la croupe est comme un bloc vermeil,
Et qui, telle qu'un paon constellé de prunelles,
Élargit la splendeur de sa queue au soleil.

Agitant ses crins d'or, la céleste Cavale,
Dans la sérénité de l'air silencieux,
D'une odeur ineffable embaume l'intervalle
Qu'elle a franchi d'un bond en s'envolant aux cieux.

Elle plane, elle va, majestueuse et fière.
De ses beaux yeux de vierge et du divin poitrail
Sortent d'éblouissants effluves de lumière
Dont ruisselle sa plume ouverte en éventail.

Tous deux, loin des rumeurs confuses de la terre,
En un magique essor, irrésistible et sûr,
Montent. Leur gloire emplit l'espace solitaire ;
Ils touchent aux confins suprêmes de l'azur.

Comme une torche immense ardemment secouée,
Le Couchant fait jaillir jusqu'à l'Orient noir
Le sombre et magnifique éclat de la nuée,
Et Mouça disparaît dans la pourpre du soir.

La Tête de Kenwarc'h

CHANT DE MORT GALLOIS DU VIe SIÈCLE

Loin du Cap de Penn'hor, où hurlait la mêlée
Sombre comme le rire amer des grandes Eaux,
Bonds sur bonds, queue au vent, crinière échevelée,
Va! cours, mon bon cheval, en ronflant des naseaux.

Qu'il est sombre le rire amer des grandes Eaux !

Franchis roc, val, colline et bruyère fleurie.
Sur le funèbre Cap que la mer ronge et bat,
Kenwarc'h le Chevelu, le vieux loup de Kambrie,
Gît, mort, dans la moisson épaisse du combat.

Oh ! le Cap de Penn'hor que la mer ronge et bat !

Cris et râles ont fait silence sous la nue :
L'âme des braves vole à l'étoile du soir,
La tête de Kenwarc'h pend sur ma cuisse nue
Et d'un flux rouge et chaud asperge ton poil noir.

L'âme farouche vole à l'étoile du soir !

Oc'h ! Le corbeau joyeux fouille sa blanche gorge ;
Moi, j'emporte sa tête aux yeux naguère ardents,
Par lourds flocons, pareille à la mousse de l'orge,
L'écume, avec le sang, filtre à travers ses dents.

Voici sa tête blême aux yeux naguère ardents !

Je ne l'entendrai plus, cette tête héroïque,
Sous la torque d'or roux commander et crier ;
Mais je la planterai sur le fer de ma pique :
Elle ira devant moi dans l'ouragan guerrier.

Oc'h ! oc'h ! C'est le Saxon qui l'entendra crier !

Elle me mènera, Kenwarc'h ! jusques au lâche
Qui t'a troué le dos sur le Cap de Penn'hor.
Je lui romprai le cou du marteau de ma hache
Et je lui mangerai le cœur tout vif encor !

Kenwarc'h ! Loup de Kambrie ! oh ! le Cap de Penn'hor !

Dans le ciel clair

Dans le ciel clair rayé par l'hirondelle alerte,
Le matin qui fleurit comme un divin rosier
Parfume la feuillée étincelante et verte
Où les nids amoureux, palpitants, l'aile ouverte,
A la cime des bois chantent à plein gosier
Le matin qui fleurit comme un divin rosier
Dans le ciel clair rayé par l'hirondelle alerte.

En grêles notes d'or, sur les graviers polis,
Les eaux vives, filtrant et pleuvant goutte à goutte,
Caressent du baiser de leur léger roulis
La bruyère et le thym, les glaïeuls et les lys ;
Et le jeune chevreuil, que l'aube éveille, écoute
Les eaux vives filtrant et pleuvant goutte à goutte
En grêles notes d'or sur les graviers polis.

Le long des frais buissons où rit le vent sonore,
Par le sentier qui fuit vers le lointain charmant
Où la molle vapeur bleuit et s'évapore,
Tous deux, sous la lumière humide de l'aurore,
S'en vont entrelacés et passent lentement
Par le sentier qui fuit vers le lointain charmant,
Le long des frais buissons où rit le vent sonore.

La volupté d'aimer clôt à demi leurs yeux,
Ils ne savent plus rien du vol de l'heure brève,
Le charme et la beauté de la terre et des cieux
Leur rendent éternel l'instant délicieux,
Et, dans l'enchantement de ce rêve d'un rêve,
Ils ne savent plus rien du vol de l'heure brève,
La volupté d'aimer clôt à demi leurs yeux.

Dans le ciel clair rayé par l'hirondelle alerte
L'aube fleurit toujours comme un divin rosier ;
Mais eux, sous la feuillée étincelante et verte,
N'entendront plus, un jour, les doux nids, l'aile ouverte,
Jusqu'au fond de leur cœur chanter à plein gosier
Le matin qui fleurit comme un divin rosier
Dans le ciel clair rayé par l'hirondelle alerte.

Le Suaire

DE MOHHAMED-BEN-AMER-AL-MANÇOUR

Gémis, noble Yémen, sous tes palmiers si doux!
Schamah, lamente-toi sous tes cèdres noirs d'ombre!
Sous tes immenses cieux emplis d'astres sans nombre,
Dans le sable enflammé cachant ta face sombre,
Pleure et rugis, Mahgreb, père des lions roux!

Asraël a fauché de ses ailes funèbres
La fleur de Korthobah, la Rose des guerriers!
Les braves ont vidé les larges étriers,
Et les corbeaux, claquant de leurs becs meurtriers,
Flairent la chair des morts roidis dans les ténèbres.

O gorges et rochers de Kala't-al-Noçour,
Qu'Yblis le Lapidé vous dessèche et vous ronge!
Ce fulgurant éclair, plus rapide qu'un songe,
Qui du Hedjaz natal au couchant se prolonge,
La Gloire de l'Islam s'est éteinte en un jour!

Devant ton souffle, Allah, poussière que nous sommes!
Vingt mille cavaliers et vingt mille étalons
Se sont abattus là par épais tourbillons;
La plaine et le coteau, le fleuve et les vallons
Ruissellent du sang noir des bêtes et des hommes.

Le naphte, à flots huileux, par lugubres éclats,
Allume l'horizon des campagnes désertes,
Monte, fait tournoyer ses longues flammes vertes
Et brûle, face au ciel et paupières ouvertes,
Les cadavres couchés sur les hauts bûchers plats.

Allah! dans la rumeur d'une foudre aux nuées,
A travers le buisson, le roc et le ravin,
Contre ces vils mangeurs de porc, gorgés de vin,
Nos vaillantes tribus, dix fois, toujours en vain,
Coup sur coup, et le rire aux dents, se sont ruées.

Et toi, vêtu de pourpre et de mailles d'acier,
Coiffé du cimier d'or hérissé d'étincelles,
Tel qu'un aigle, le vent de la victoire aux ailes,
La lame torse en main, tu volais devant elles,
Mohhâmed-al-Mançour, bon, brave et justicier!

Brandissant la bannière auguste des Khalyfes,
Plus blanche que la neige intacte des sierras,
Tu foulais la panthère au poil luisant et ras
Qui, sur le chaud poitrail, ainsi que font deux bras,
Éclatante, agrafait l'argent de ses dix griffes.

Devant le Paradis promis aux nobles morts,
Sans peur des hurlements de ces chacals voraces,
Qui, d'entre nous, honteux de languir sur tes traces,
Conduit par ta lumière, Étoile des trois races,
N'eût lâché pour mourir les rênes et le mors ?

Torrent d'hommes qui gronde, écroulé d'un haut faîte,
Mer qui bat flot sur flot le roc dur et têtu,
Sur l'idolâtre impur, mille fois combattu,
Tu nous as déchaînés, ivres de ta vertu,
Glorieux fils d'Amer, ô Souffle du Prophète !

Le choc terrible, plein de formidables sons,
A fait choir les vautours des roches ébranlées,
Et les aigles crier et s'enfuir par volées,
Et plus loin que les monts, les cités, les vallées,
Sans fin, s'est engouffré vers les quatre horizons.

Hélas ! les étalons, ployant leurs jarrets grêles,
De l'aube au soir, dans un âpre fourmillement,
Ont bondi, les crins droits et le frein écumant,
Leur naseau rose en feu, par masse, éperdument,
Comme un essaim strident d'actives sauterelles.

Ah! vrais fils d'Al-Borak la Vierge et de l'éclair,
Sûrs amis, compagnons des batailles épiques,
Joyeux du bruit des coups et des cris frénétiques,
Vous hennissiez, cabrés à la pointe des piques,
Vous enfonçant la mort au ventre, ô buveurs d'air!

Vous mordiez les tridents, les fourches et les sabres
Et l'épieu des chasseurs de loup, d'ours et d'isard,
Muraille rude et sombre où flottaient au hasard
Les Lions de Castille et le jaune Lézard
De Compostelle et les Mains rouges des Cantabres.

Vous qui couriez, si beaux, des jardins de l'Été
Jusqu'aux escarpements neigeux des Asturies,
Vous dormez dans l'horreur des muettes tueries,
Et, tels qu'au chaud soleil les grenades mûries,
Sous les masses de fer vos fronts ont éclaté!

Rien n'a rompu le bloc de ces hordes farouches.
Vers les monts, sans tourner le dos, lents, résolus,
Ils se sont repliés, rois, barons chevelus,
Soudards bardés de cuir, serfs et moines velus
Qui vomissent l'infect blasphème à pleines bouches.

Sinistres, non domptés, sinon victorieux,
Ils ont tous disparu dans la nuit solitaire,
Laissant les morts brûler et les râles se taire;
Et nous pleurons autour de cette tente austère
Où l'Aigle de l'Islam ferme à jamais les yeux.

Pâle et grave, percé de coups, haché d'entailles,
Le Hadjeb immortel, comme il était écrit,
Pour monter au Djennet qui rayonne et fleurit,
Rend aux Anges d'Allah son héroïque esprit
Ceint des palmes et des éclairs de cent batailles.

L'âme est partie avec la pourpre du soleil.
Sous la peau d'un lion fauve à noire crinière,
Dans le coffre de cèdre où croissait la poussière
Recueillie en vingt ans sur l'armure guerrière,
Mohhâmed-al-Mançour dort son dernier sommeil.

Nos temps sont clos, voici les jours expiatoires !
O race d'Ommyah, ton trône est chancelant
Et la plaie incurable est ouverte à ton flanc,
Puisque l'Homme invincible est couché tout sanglant
    Dans la cendre de ses victoires !

L'Astre rouge

> Il y aura, dans l'abime du ciel, un
> grand Astre rouge nommé Sahil.
> *Le Rabbi Aben-Ezra.*

Sur les Continents morts, les houles léthargiques
Où le dernier frisson d'un monde a palpité
S'enflent dans le silence et dans l'immensité ;
Et le rouge Sahil, du fond des nuits tragiques,
Seul flambe, et darde aux flots son œil ensanglanté.

Par l'espace sans fin des solitudes nues,
Ce gouffre inerte, sourd, vide, au néant pareil,
Sahil, témoin suprême, et lugubre soleil
Qui fait la mer plus morne et plus noires les nues,
Couve d'un œil sanglant l'universel sommeil.

Génie, amour, douleur, désespoir, haine, envie,
Ce qu'on rêve, ce qu'on adore et ce qui ment,
Terre et Ciel, rien n'est plus de l'antique Moment.
Sur le songe oublié de l'Homme et de la Vie
L'Œil rouge de Sahil saigne éternellement.

La Lampe du Ciel

Par la chaîne d'or des étoiles vives
La Lampe du ciel pend du sombre azur
Sur l'immense mer, les monts et les rives.
Dans la molle paix de l'air tiède et pur
Bercée au soupir des houles pensives,
La Lampe du ciel pend du sombre azur
Par la chaîne d'or des étoiles vives.

Elle baigne, emplit l'horizon sans fin
De l'enchantement de sa clarté calme ;
Elle argente l'ombre au fond du ravin,
Et, perlant les nids, posés sur la palme,
Qui dorment, légers, leur sommeil divin,
De l'enchantement de sa clarté calme
Elle baigne, emplit l'horizon sans fin.

Dans le doux abîme, ô Lune, où tu plonges,
Es-tu le soleil des morts bienheureux,
Le blanc paradis où s'en vont leurs songes?
O monde muet, épanchant sur eux
De beaux rêves faits de meilleurs mensonges,
Es-tu le soleil des morts bienheureux,
Dans le doux abîme, ô Lune, où tu plonges?

Toujours, à jamais, éternellement,
Nuit! Silence! Oubli des heures amères!
Que n'absorbez-vous le désir qui ment,
Haine, amour, pensée, angoisse et chimères?
Que n'apaisez-vous l'antique tourment,
Nuit! Silence! Oubli des heures amères!
Toujours, à jamais, éternellement?

Par la chaîne d'or des étoiles vives,
O Lampe du ciel, qui pends de l'azur,
Tombe, plonge aussi dans la mer sans rives!
Fais un gouffre noir de l'air tiède et pur
Au dernier soupir des houles pensives,
O Lampe du ciel, qui pends de l'azur
Par la chaîne d'or des étoiles vives!

Pantouns Malais

I

L'éclair vibre sa flèche torse
A l'horizon mouvant des flots.
Sur ta natte de fine écorce
Tu rêves, les yeux demi-clos.

A l'horizon mouvant des flots
La foudre luit sur les écumes.
Tu rêves, les yeux demi-clos,
Dans la case que tu parfumes.

La foudre luit sur les écumes,
L'ombre est en proie au vent hurleur,
Dans la case que tu parfumes
Tu rêves et souris, ma fleur !

L'ombre est en proie au vent hurleur,
Il s'engouffre au fond des ravines,
Tu rêves et souris, ma fleur !
Le cœur plein de chansons divines,

Il s'engouffre au fond des ravines,
Parmi le fracas des torrents,
Le cœur plein de chansons divines,
Monte, nage aux cieux transparents !

Parmi le fracas des torrents
L'arbre éperdu s'agite et plonge,
Monte, nage aux cieux transparents,
Sur l'aile d'un amoureux songe !

L'arbre éperdu s'agite et plonge,
Le roc bondit déraciné,
Sur l'aile d'un amoureux songe
Berce ton cœur illuminé !

Le roc bondit déraciné
Vers la mer ivre de sa force,
Berce ton cœur illuminé !
L'éclair vibre sa flèche torse.

II

Voici des perles de Mascate
Pour ton beau col, ô mon amour !
Un sang frais ruisselle, écarlate,
Sur le pont du blême Giaour.

Pour ton beau col, ô mon amour,
Pour ta peau ferme, lisse et brune !
Sur le pont du blême Giaour
Des yeux morts regardent la lune.

Pour ta peau ferme, lisse et brune,
J'ai conquis ce trésor charmant.
Des yeux morts regardent la lune
Farouche au fond du firmament.

J'ai conquis ce trésor charmant,
Mais est-il rien que tu n'effaces ?
Farouche au fond du firmament,
La lune reluit sur leurs faces.

Mais est-il rien que tu n'effaces ?
Tes longs yeux sont un double éclair.
La lune reluit sur leurs faces,
L'odeur du sang parfume l'air.

Tes longs yeux sont un double éclair :
Je t'aime, étoile de ma vie !
L'odeur du sang parfume l'air,
Notre fureur est assouvie.

Je t'aime, étoile de ma vie,
Rayon de l'aube, astre du soir !
Notre fureur est assouvie,
Le Giaour s'enfonce au flot noir.

Rayon de l'aube, astre du soir,
Dans mon cœur ta lumière éclate !
Le Giaour s'enfonce au flot noir !
Voici des perles de Mascate.

III

Sous l'arbre où pend la rouge mangue
Dors, les mains derrière le cou.
Le grand python darde sa langue
Du haut des tiges de bambou.

Dors, les mains derrière le cou,
La mousseline autour des hanches.
Du haut des tiges de bambou
Le soleil filtre en larmes blanches.

La mousseline autour des hanches,
Tu dores l'ombre, et l'embellis.
Le soleil filtre en larmes blanches
Parmi les nids de bengalis.

Tu dores l'ombre, et l'embellis,
Dans l'herbe couleur d'émeraude.
Parmi les nids de bengalis
Un vol de guêpes vibre et rôde.

Dans l'herbe couleur d'émeraude
Qui te voit ne peut t'oublier !
Un vol de guêpes vibre et rôde
Du santal au géroflier.

Qui te voit ne peut t'oublier;
Il t'aimera jusqu'à la tombe.
Du santal au géroflier
L'épervier poursuit la colombe.

Il t'aimera jusqu'à la tombe !
O femme, n'aime qu'une fois !
L'épervier poursuit la colombe;
Elle rend l'âme au fond des bois.

O femme, n'aime qu'une fois !
Le Praho sombre approche et tangue.
Elle rend l'âme au fond des bois
Sous l'arbre où pend la rouge mangue.

IV

Le hinné fleuri teint tes ongles roses,
Tes chevilles d'ambre ont des grelots d'or.
J'entends miauler, dans les nuits moroses,
Le Seigneur rayé, le Roi de Timor.

Tes chevilles d'ambre ont des grelots d'or,
Ta bouche a le goût du miel vert des ruches.
Le Seigneur rayé, le Roi de Timor,
Le voilà qui rôde et tend ses embûches.

Ta bouche a le goût du miel vert des ruches,
Ton rire joyeux est un chant d'oiseau.
Le voilà qui rôde et tend ses embûches :
C'est l'heure où le daim va boire au cours d'eau.

Ton rire joyeux est un chant d'oiseau,
Tu cours et bondis mieux que les gazelles.
C'est l'heure où le daim va boire au cours d'eau ;
Il a vu jaillir deux jaunes prunelles.

Tu cours et bondis mieux que les gazelles,
Mais ton cœur est traître et ta bouche ment !
Il a vu jaillir deux jaunes prunelles ;
Un frisson de mort l'étreint brusquement.

Mais ton cœur est traître et ta bouche ment !
Ma lame de cuivre à mon poing flamboie.
Un frisson de mort l'étreint brusquement :
Le royal Chasseur a saisi sa proie.

Ma lame de cuivre à mon poing flamboie ;
Nul n'aura l'amour qui m'était si cher.
Le royal Chasseur a saisi sa proie ;
Dix griffes d'acier lui mordent la chair.

Nul n'aura l'amour qui m'était si cher,
Meurs ! Un long baiser sur tes lèvres closes !
Dix griffes d'acier lui mordent la chair.
Le hinné fleuri teint tes ongles roses !

V

O mornes yeux ! Lèvre pâlie !
J'ai dans l'âme un chagrin amer.
Le vent bombe la voile emplie,
L'écume argente au loin la mer.

J'ai dans l'âme un chagrin amer ;
Voici sa belle tête morte !
L'écume argente au loin la mer,
Le Praho rapide m'emporte.

Voici sa belle tête morte !
Je l'ai coupée avec mon kriss.
Le Praho rapide m'emporte
En bondissant comme l'axis.

Je l'ai coupée avec mon kriss ;
Elle saigne au mât qui la berce.
En bondissant comme l'axis
Le Praho plonge ou se renverse.

Elle saigne au mât qui la berce ;
Son dernier râle me poursuit.
Le Praho plonge ou se renverse,
La mer blême asperge la nuit.

Son dernier râle me poursuit.
Est-ce bien toi que j'ai tuée ?
La mer blême asperge la nuit,
L'éclair fend la noire nuée.

Est-ce bien toi que j'ai tuée ?
C'était le destin, je t'aimais !
L'éclair fend la noire nuée,
L'abîme s'ouvre pour jamais.

C'était le destin, je t'aimais !
Que je meure afin que j'oublie !
L'abîme s'ouvre pour jamais.
O mornes yeux ! Lèvre pâlie !

L'Illusion suprême

Quand l'homme approche enfin des sommets où la vie
Va plonger dans votre ombre inerte, ô mornes cieux !
Debout sur la hauteur aveuglément gravie,
Les premiers jours vécus éblouissent ses yeux.

Tandis que la nuit monte et déborde les grèves,
Il revoit, au delà de l'horizon lointain,
Tourbillonner le vol des désirs et des rêves
Dans la rose clarté de son heureux matin.

Monde lugubre, où nul ne voudrait redescendre
Par le même chemin solitaire, âpre et lent,
Vous, stériles soleils, qui n'êtes plus que cendre,
Et vous, ô pleurs muets, tombés d'un cœur sanglant !

Celui qui va goûter le sommeil sans aurore
Dont l'homme ni le Dieu n'ont pu rompre le sceau,
Chair qui va disparaître, âme qui s'évapore,
S'emplit des visions qui hantaient son berceau.

Rien du passé perdu qui soudain ne renaisse :
La montagne natale et les vieux tamarins,
Les chers morts qui l'aimaient au temps de sa jeunesse
Et qui dorment là-bas dans les sables marins.

Sous les lilas géants où vibrent les abeilles,
Voici le vert coteau, la tranquille maison,
Les grappes de Letchis et les mangues vermeilles
Et l'oiseau bleu dans le maïs en floraison ;

Aux pentes des Pitons, parmi les cannes grêles
Dont la peau d'ambre mûr s'ouvre au jus attiédi,
Le vol vif et strident des roses sauterelles
Qui s'enivrent de la lumière de midi ;

Les cascades, en un brouillard de pierreries,
Versant du haut des rocs leur neige en éventail ;
Et la brise embaumée autour des sucreries,
Et le fourmillement des Hindous au travail ;

Le café rouge, par monceaux, sur l'aire sèche,
Dans les mortiers massifs le son des calaous,
Les grands parents assis sous la varangue fraîche
Et les ris d'enfants à l'ombre des bambous ;

Le ciel vaste où le mont dentelé se profile,
Lorsque ta pourpre, ô soir, le revêt tout entier !
Et le chant triste et doux des Bandes à la file
Qui s'en viennent des hauts et s'en vont au quartier.

Voici les bassins clairs entre les blocs de lave ;
Par les sentiers de la savane, vers l'enclos,
Le beuglement des bœufs bossus de Tamatave
Mêlé dans l'air sonore au murmure des flots,

Et sur la côte, au pied des dunes de Saint-Gilles,
Le long de son corail merveilleux et changeant,
Comme un essaim d'oiseaux les pirogues agiles
Trempant leur aile aiguë aux écumes d'argent.

Puis, tout s'apaise et dort. La lune se balance,
Perle éclatante, au fond des cieux d'astres emplis ;
La mer soupire et semble accroître le silence
Et berce le reflet des mondes dans ses plis.

Mille aromes légers émanent des feuillages
Où la mouche d'or rôde, étincelle et bruit ;
Et les feux des chasseurs, sur les mornes sauvages,
Jaillissent dans le bleu splendide de la nuit.

Et tu renais aussi, fantôme diaphane,
Qui fis battre son cœur pour la première fois,
Et, fleur cueillie avant que le soleil te fane,
Ne parfumas qu'un jour l'ombre calme des bois !

O chère Vision, toi qui répands encore,
De la plage lointaine où tu dors à jamais,
Comme un mélancolique et doux reflet d'aurore
Au fond d'un cœur obscur et glacé désormais !

Les ans n'ont pas pesé sur ta grâce immortelle,
La tombe bienheureuse a sauvé ta beauté :
Il te revoit, avec tes yeux divins, et telle
Que tu lui souriais en un monde enchanté !

Mais quand il s'en ira dans le muet mystère
Où tout ce qui vécut demeure enseveli,
Qui saura que ton âme a fleuri sur la terre,
O doux rêve, promis à l'infaillible oubli ?

Et vous, joyeux soleils des naïves années,
Vous, éclatantes nuits de l'infini béant,
Qui versiez votre gloire aux mers illuminées,
L'esprit qui vous songea vous entraîne au néant.

Ah ! tout cela, jeunesse, amour, joie et pensée,
Chants de la mer et des forêts, souffles du ciel
Emportant à plein vol l'Espérance insensée,
Qu'est-ce que tout cela, qui n'est pas éternel ?

Soit ! la poussière humaine, en proie au temps rapide,
Ses voluptés, ses pleurs, ses combats, ses remords,
Les Dieux qu'elle a conçus et l'univers stupide
Ne valent pas la paix impassible des morts.

Villanelle

Une nuit noire, par un Calme, sous l'Équateur.

Le Temps, l'Étendue et le Nombre
Sont tombés du noir firmament
Dans la mer immobile et sombre.

Suaire de silence et d'ombre,
La nuit efface absolument
Le Temps, l'Étendue et le Nombre.

Tel qu'un lourd et muet décombre,
L'Esprit plonge au vide dormant,
Dans la mer immobile et sombre.

En lui-même, avec lui, tout sombre,
Souvenir, rêve, sentiment,
Le Temps, l'Étendue et le Nombre,
Dans la mer immobile et sombre.

Sous l'épais Sycomore

Sous l'épais sycomore, ô vierge, où tu sommeilles,
Dans le jardin fleuri, tiède et silencieux,
Pour goûter la saveur de tes lèvres vermeilles
Un papillon d'azur vers toi descend des cieux.

C'est l'heure où le soleil blanchit les vastes cieux
Et fend l'écorce d'or des grenades vermeilles.
Le divin vagabond de l'air silencieux
Se pose sur ta bouche, ô vierge, et tu sommeilles !

Aussi doux que la soie où, rose, tu sommeilles,
Il t'effleure de son baiser silencieux.
Crains le bleu papillon, l'amant des fleurs vermeilles,
Qui boit toute leur âme et s'en retourne aux cieux.

Tu souris ! Un beau rêve est descendu des cieux,
Qui, dans le bercement de ses ailes vermeilles,
Éveillant le désir encor silencieux,
Te fait un paradis de l'ombre où tu sommeilles.

Le papillon Amour, tandis que tu sommeilles,
Tout brûlant de l'ardeur du jour silencieux,
Va t'éblouir, hélas ! de visions vermeilles
Qui s'évanouiront dans le désert des cieux.

Éveille, éveille-toi ! L'ardent éclat des cieux
Flétrirait moins ta joue aux nuances vermeilles
Que le désir ton cœur chaste et silencieux
Sous l'épais sycomore, ô vierge, où tu sommeilles !

Le Talion

Ai-je dormi? quel songe horrible m'a hanté?
Oh! ces spectres, ces morts, un blême rire aux bouches,
Surgis par millions du sol ensanglanté,
Et qui dardaient, dans une ardente fixité,
    Leurs prunelles farouches!

Tels, sans doute, autrefois, Y'heskel le Voyant,
Le poil tout hérissé du souffle prophétique,
Les vit tourbillonner en se multipliant
Hors du sombre Schéol, dans le Val effrayant
    Où gît la Race antique.

Et ces morts remuaient leurs os chargés de fers,
Et j'entendais, du fond de l'horizon qui gronde,
Pareille au bruit du flux croissant des hautes mers,
Une Voix qui parlait au milieu des éclairs
    En ébranlant le monde.

Elle disait : — O Loups affamés et hurlants,
Princes de l'aquilon, ivres du sang des justes !
Dans les siècles j'ai fait mon chemin à pas lents ;
Mais je viens ! je romprai de mes poings violents
    Vos mâchoires robustes.

Le jour de ma colère, ô Rois, flamboie enfin :
Voici le fer, le feu, le poison et la corde !
J'étancherai ma soif, j'assouvirai ma faim.
Le torrent de ma rage est déchaîné, le vin
    De ma fureur déborde !

Il est trop tard pour la terreur ou le remords,
Car le crime accompli jamais plus ne s'efface,
Car j'arrache les cœurs féroces que je mords,
Car mon peuple a dressé la foule de ses morts
    La face vers ma face !

O Princes ! c'est pourquoi vous ne dormirez point
Au tombeau des aïeux, immobiles et graves,
Sous le suaire où l'or à la pourpre se joint,
Votre couronne au front et votre épée au poing,
    Comme dorment les braves.

Non! l'épais tourbillon des aigles irrités
Mangera votre chair immonde à gorge pleine ;
Vous serez mis en quatre et tout déchiquetés,
Et les chiens traîneront vos lambeaux empestés
    Par le mont et la plaine.

Je ferai cela, Moi, le Talion vivant,
Puisque, ceignant vos reins pour l'exécrable tâche,
Au milieu des sanglots qui roulent dans le vent,
Vous avez égorgé, dès le soleil levant,
    Sans merci ni relâche.

Oui! puisque vous avez, en un même monceau,
Comme sur un étal public les viandes crues
Du mouton éventré, du bœuf et du pourceau,
Entassé jeune et vieux, femme, enfant au berceau
    Sur le pavé des rues ;

Puisque, de père en fils, ô Rois, sinistres fous,
D'un constant parricide épouvantant l'histoire,
Dévorateurs d'un peuple assassiné par vous,
De la Goule du Nord vous êtes sortis tous
    Comme d'un vomitoire !

L'heure sonne, il est temps, et me voici ! Malheur !
Flambe, ô torche ! Bondis, couteau, hors de la gaine !
Taisez-vous, cris d'angoisse et sanglots de douleur
O vengeance sacrée, épanouis ta fleur !
    Grince des dents, ô haine !

Qu'ils râlent, engloutis sous leurs palais fumants!
Et vous, ô morts d'hier, et vous, vieilles victimes,
Dans la nuit furieuse, avec des hurlements,
Pourchassez-les parmi les épouvantements
    Éternels de leurs crimes!

Les Roses d'Ispahan

Les roses d'Ispahan dans leur gaine de mousse,
Les jasmins de Mossoul, les fleurs de l'oranger
Ont un parfum moins frais, ont une odeur moins douce,
O blanche Leïlah ! que ton souffle léger.

Ta lèvre est de corail, et ton rire léger
Sonne mieux que l'eau vive et d'une voix plus douce,
Mieux que le vent joyeux qui berce l'oranger,
Mieux que l'oiseau qui chante au bord du nid de mousse.

Mais la subtile odeur des roses dans leur mousse,
La brise qui se joue autour de l'oranger
Et l'eau vive qui flue avec sa plainte douce
Ont un charme plus sûr que ton amour léger !

LES ROSES D'ISPAHAN.

O Leïlah! depuis que de leur vol léger
Tous les baisers ont fui de ta lèvre si douce,
Il n'est plus de parfum dans le pâle oranger,
Ni de céleste arome aux roses dans leur mousse.

L'oiseau, sur le duvet humide et sur la mousse,
Ne chante plus parmi la rose et l'oranger;
L'eau vive des jardins n'a plus de chanson douce,
L'aube ne dore plus le ciel pur et léger.

Oh! que ton jeune amour, ce papillon léger,
Revienne vers mon cœur d'une aile prompte et douce,
Et qu'il parfume encor les fleurs de l'oranger,
Les roses d'Ispahan dans leur gaine de mousse!

L'Holocauste

C'est l'An de grâce mil six cent dix-neuf, le seize
De juillet, en un vaste et riche diocèse
Primatial. Le ciel est pur et rayonnant.
Bourdons et cloches vont sonnant et bourdonnant.
La Ville en fête rit au clair soleil qui dore
Ses pignons, ses hauts toits et son fleuve sonore,
Ses noirs couvents hantés de spectres anxieux,
Ses masures, ses ponts bossus, abrupts et vieux,
Et le massif des tours aux assises obliques
Sous qui hurlaient jadis les hordes catholiques.

Pareil au grondement de l'eau hors de son lit,
Un long murmure, fait de mille bruits, emplit
Berges et carrefours et culs-de-sac et rue ;

Et la foule y tournoie et s'y heurte et s'y rue
Pêle-mêle, les yeux écarquillés, les bras
En l'air ; moines blancs, gris ou bruns, barbus ou ras,
Chaux ou déchaux, ayant capes, frocs ou cagoules,
Vieilles femmes grinçant des dents comme des goules,
Cavaliers de sang noble, empanachés, pattus,
Rogues, caracolant sur les pavés pointus,
Dames à jupe roide en carrosses et chaises,
Gras citadins bouffis dans la neige des fraises,
Avec la rouge fleur des bons vins à la peau,
Estafiers et soudards, et le confus troupeau
Des manants et des gueux et des prostituées.

Plein de clameurs, de chants d'église, de huées,
De rires, de jurons obscènes, tout cela
Vient pour voir brûler vif cet homme que voilà.

Debout sur le bûcher, contre un poteau de chêne,
Les poings liés, la gorge et le ventre à la chaîne,
Dans sa gravité sombre et son mépris amer
Il regardait d'en haut cette mouvante mer
De faces, d'yeux dardés, de gestes frénétiques ;
Il écoutait ces cris de haine, ces cantiques
Funèbres d'hommes noirs qui venaient, deux à deux,
Enfiévrés de leur rêve imbécile et hideux,
Maudire et conspuer par delà l'agonie
Et de leurs sales mains souffleter son génie,
Tandis que de leurs yeux sinistres et jaloux
Ils le mangeaient déjà, comme eussent fait des loups.

Et la honte d'être homme aussi lui poignait l'âme.
Soudainement, le bois sec et léger prit flamme,
Une langue écarlate en sortit, et, rampant
Jusqu'au ventre, entoura l'homme, comme un serpent.
Et la peau grésilla, puis se fendit, de même
Qu'un fruit mûr ; et le sang, mêlé de graisse blême
Jaillit, et lui, sentant mordre l'horrible feu,
Les cheveux hérissés, cria : — Mon Dieu! mon Dieu! —

Un moine, alors, riant d'une joie effroyable,
Glapit : — Ah! chien maudit, bon pour les dents du Diable !
Tu crois donc en ce Dieu que tu niais hier ?
Va! cuis, flambe et recuis dans l'éternel Enfer ! —

Mais l'autre, redressant par-dessus la fumée
Sa dédaigneuse face à demi consumée
Qui de sueur bouillante et rouge ruisselait,
Regarda l'être abject, ignare, lâche et laid,
Et dit, menant à bout son héroïque lutte :

— Ce n'est qu'une façon de parler, vile brute ! —

Et ce fut tout. Le feu le dévora vivant,
Et sa chair et ses os furent vannés au vent.

La Chasse de l'Aigle

L'AIGLE noir aux yeux d'or, prince du ciel mongol,
Ouvre, dès le premier rayon de l'aube claire,
Ses ailes comme un large et sombre parasol.

Un instant immobile, il plane, épie et flaire.
Là-bas, au flanc du roc crevassé, ses aiglons
Érigent, affamés, leurs cous au bord de l'aire.

Par la steppe sans fin, coteau, plaine et vallons,
L'œil luisant à travers l'épais crin qui l'obstrue,
Pâturent, çà et là, des hardes d'étalons.

L'un d'eux, parfois, hennit vers l'aube, l'autre rue ;
Ou quelque autre, tordant la queue, allègrement,
Pris de vertige, court dans l'herbe jaune et drue.

La lumière, en un frais et vif pétillement,
Croît, s'élance par jet, s'échappe par fusée,
Et l'orbe du soleil émerge au firmament.

A l'horizon subtil où bleuit la rosée,
Morne dans l'air brillant, l'aigle darde, anxieux,
Sa prunelle infaillible et de faim aiguisée.

Mais il n'aperçoit rien qui vole par les cieux,
Rien qui surgisse au loin dans la steppe aurorale,
Cerf ni daim, ni gazelle aux bonds capricieux.

Il fait claquer son bec avec un âpre râle ;
D'un coup d'aile irrité, pour mieux voir de plus haut
Il s'enlève, descend et remonte en spirale.

L'heure passe, l'air brûle. Il a faim. A défaut
De gazelle ou de daim, sa proie accoutumée,
C'est de la chair, vivante ou morte, qu'il lui faut.

Or, dans sa robe blanche et rase, une fumée
Autour de ses naseaux roses et palpitants,
Un étalon conduit la hennissante armée.

Quand il jette un appel vers les cieux éclatants,
La harde, qui tressaille à sa voix fière et brève,
Accourt, l'oreille droite et les longs crins flottants.

L'aigle tombe sur lui comme un sinistre rêve,
S'attache au col troué par ses ongles de fer
Et plonge son bec courbe au fond des yeux qu'il crève.

Cabré, de ses deux pieds convulsifs battant l'air,
Et comme empanaché de la bête vorace,
L'étalon fuit dans l'ombre ardente de l'enfer.

Le ventre contre l'herbe, il fuit, et, sur sa trace,
Ruisselle de l'orbite escave un flux sanglant;
Il fuit, et son bourreau le mange et le harasse,

L'agonie en sueur fait haleter son flanc;
Il renacle, et secoue, enivré de démence,
Cette grande aile ouverte et ce bec aveuglant.

Il franchit, furieux, la solitude immense,
S'arrête brusquement, sur ses jarrets ployé,
S'abat et se relève et toujours recommence.

Puis, rompu de l'effort en vain multiplié,
L'écume aux dents, tirant sa langue blême et rêche,
Par la steppe natale il tombe foudroyé.

Là, ses os blanchiront au soleil qui les sèche;
Et le sombre Chasseur des plaines, l'aigle noir,
Retourne au nid avec un lambeau de chair fraîche

Ses petits affamés seront repus ce soir.

La Résurrection d'Adônis

L'Aurore désirée, ô filles de Byblos,
A déployé les plis de son riche péplos!
Ses yeux étincelants versent des pierreries
Sur la pente des monts et les molles prairies,
Et, dans l'azur céleste où sont assis les Dieux,
Elle rit, et son vol, d'un souffle harmonieux,
Met une écume rose aux flots clairs de l'Oronte.
O vierges, hâtez-vous! Mêlez d'une main prompte,
Parmi vos longs cheveux d'or fluide et léger,
Le myrte et le jasmin aux fleurs de l'oranger,
Et, dans l'urne d'agate et le creux térébinthe,
Le vin blanc de Sicile au vin noir de Korinthe.

O nouveau-nés du jour, par mobiles essaims,
Effleurez, Papillons, la neige de leurs seins !
Colombes, baignez-les des perles de vos ailes !
Rugissez, ô Lions ! Bondissez, ô Gazelles !
Vous, ô Lampes d'onyx, vives d'un feu changeant,
Parfumez le parvis où sur son lit d'argent
Adônis est couché, le front ceint d'anémones !
Et toi, cher Adônis, le plus beau des Daimones,
Que l'ombre du Hadès enveloppait en vain,
Bien-aimé d'Aphrodite, ô Jeune homme divin,
Qui sommeillais hier dans les Champs d'asphodèles !
Adônis, qu'ont pleuré tant de larmes fidèles
Depuis l'heure fatale où le noir Sanglier
Fleurit de ton cher sang les ronces du hallier !
Bienheureux Adônis, en leurs douces caresses
Les vierges de Byblos t'enlacent de leurs tresses !
Éveille-toi, souris à la clarté des cieux,
Bois le miel de leur bouche et l'amour de leurs yeux !

Les Siècles maudits

Hideux siècles de foi, de lèpre et de famine,
Que le reflet sanglant des bûchers illumine !
Siècles de désespoir, de peste et de haut-mal,
Où le Jacque en haillons, plus vil que l'animal,
Geint lamentablement sa pitoyable vie !
Siècles de haine atroce et jamais assouvie,
Où, dans les caveaux sourds des donjons noirs et clos
Qui ne laissent ouïr les cris ni les sanglots,
Le vieux juif, pieds et poings ferrés, et qu'on édente,
Pour mieux suer son or cuit sur la braise ardente !
Siècles de ceux d'Albi scellés vifs dans les murs,
Et des milliers de harts d'où les pendus trop mûrs

Quand le vent de l'hiver les heurte et les fracasse,
Encombrent les chemins de quartiers de carcasse,
Avec force corbeaux battant de l'aile autour !
Siècles du noble sire aux aguets sur sa tour,
Éperonné, casqué, prêt à sauter en selle
Pour couper au marchand la gorge et l'escarcelle,
Et rendant grâce aux Saints si les ballots sont lourds
De brocards d'Orient, de soie et de velours !
Siècles des loups-garous hurlant dans les bruyères,
Des Incubes menant la ronde des sorcières
Par les anciens charniers où dansent alternés
Les feux blêmes qui sont âmes des morts damnés !
Siècles du goupillon, du froc, de la cagoule,
De l'estrapade et des chevalets, où la Goule
Romaine, ce vampire ivre de sang humain,
L'écume de la rage aux dents, la torche en main,
Soufflant dans toute chair, dans toute âme vivante,
L'angoisse d'être au monde autant que l'épouvante
De la mort, voue au feu stupide de l'Enfer
L'holocauste fumant sur son autel de fer !
Dans chacune de vos exécrables minutes,
O siècles d'égorgeurs, de lâches et de brutes,
Honte de ce vieux globe et de l'humanité,
Maudits, soyez maudits, et pour l'éternité !

L'Orbe d'or

L'ORBE d'or du soleil tombé des cieux sans bornes
S'enfonce avec lenteur dans l'immobile mer,
Et pour suprême adieu baigne d'un rose éclair
Le givre qui pétille à la cime des Mornes.

En un mélancolique et languissant soupir,
Le vent des hauts, le long des ravins emplis d'ombres,
Agite doucement les tamariniers sombres
Où les oiseaux siffleurs viennent de s'assoupir.

Parmi les caféiers et les cannes mûries,
Les effluves du sol, comme d'un encensoir,
S'exhalent en mêlant dans le souffle du soir
A l'arome des bois l'odeur des sucreries.

Une étoile jaillit du bleu noir de la nuit,
Toute vive, et palpite en sa blancheur de perle ;
Puis la mer des soleils et des mondes déferle
Et flambe sur les flots que sa gloire éblouit.

Et l'âme, qui contemple, et soi-même s'oublie
Dans la splendide paix du silence divin,
Sans regrets ni désirs, sachant que tout est vain,
En un rêve éternel s'abîme ensevelie.

Le Chapelet des Mavromikhalis

Les Mavromikhalis, les aigles du vieux Magne,
Ont traqué trois cents Turks dans le défilé noir,
Et, de l'aube à midi, font siffler et pleuvoir
Balles et rocs du faîte ardu de la montagne.

L'amorce sèche brûle et jaillit par éclair
D'où sort en tournoyant la fumerolle grêle ;
L'écho multiplié verse comme une grêle
Les coups de feu pressés qui crépitent dans l'air.

Une âcre odeur de poudre et de chaudes haleines
S'exhale de la gorge étroite aux longs circuits
Qui mêle, en un vacarme enflé de mille bruits,
Le blasphème barbare aux injures hellènes :

—Saint Christ!—Allah! Chacals!—Porcs sans prépuce!—
Crache ton âme infecte au Diable qui la happe!—
A l'assaut! Que pas un de ces voleurs n'échappe!
Sus! La corde et le pal à ces chiens de Chrétiens!—

Arrivez, mes agneaux, qu'on vous rompe les côtes!—
Tels les rires, les cris, les exécrations,
Râles de mort, fureurs et détonations
Vont et viennent sans fin le long des parois hautes.

Et tous les circoncis, effarés et hurlants,
Parmi les buissons roux et les vignes rampantes
Montent, la rage au ventre, et roulent sur les pentes,
Et s'arrachent la barbe avec leurs poings sanglants.

Les femmes du Pyrgos, en de tranquilles poses,
D'en haut, sur le massacre ouvrent de larges yeux,
Tandis que leurs garçons font luire, tout joyeux,
Leurs dents de jeunes loups entre leurs lèvres roses.

Par la Vierge! la chose est faite. Le dernier
Des Turks crève, le poil roidi sur sa peau rêche.
Les oiseaux carnassiers, gorgés de viande fraîche,
Deviendront gras à lard dans ce riche charnier.

— Alerte! tranchez-moi ces crânes d'infidèles,
Dit le Chef. En guirlande à mon mur clouez-les.
Ce sera le plus beau de tous mes chapelets,
Et j'y ferai nicher les bonnes hirondelles!—

Pendant bien des étés, bien des mornes hivers,
Le roi du Magne a vu, le long de sa muraille,
Ces têtes, dont la peau se dessèche et s'éraille,
Blanchir, chacune au clou qui s'enfonce au travers.

Depuis, tous sont morts, lui, ses enfants et ses proches,
Par la balle ou le sabre, ou vaincus ou vainqueurs.
Leur souvenir farouche emplit les jeunes cœurs,
Et leurs spectres, la nuit, hantent les sombres roches.

C'étaient des hommes durs, violents et hardis,
Apres à la vengeance, orgueilleux de leur race,
Ne sachant demander merci, ni faire grâce,
Et, pour cela, certains d'aller en Paradis.

Au rebord du ravin abrupt et sans issue,
Sous la ronce, au milieu des sauvages mûriers,
L'ancien Pyrgos, gercé par les ans meurtriers,
Dresse encore sa masse ébréchée et moussue.

Les crânes turks, autour, luisent comme des lys ;
Et le berger, vêtu de sa cotte de laine,
Qui paît ses moutons noirs au-dessus de la plaine,
Sourit au Chapelet des Mavromikhalis.

Épiphanie

Elle passe, tranquille, en un rêve divin,
Sur le bord du plus frais de tes lacs, ô Norvège!
Le sang rose et subtil qui dore son col fin
Est doux comme un rayon de l'aube sur la neige.

Au murmure indécis du frêne et du bouleau,
Dans l'étincellement et le charme de l'heure,
Elle va, reflétée au pâle azur de l'eau
Qu'un vol silencieux de papillons effleure.

Quand un souffle furtif glisse en ses cheveux blonds,
Une cendre ineffable inonde son épaule;
Et, de leur transparence argentant leurs cils longs,
Ses yeux ont la couleur des belles nuits du Pôle.

Purs d'ombre et de désir, n'ayant rien espéré
Du monde périssable où rien d'ailé ne reste,
Jamais ils n'ont souri, jamais ils n'ont pleuré,
Ces yeux calmes ouverts sur l'horizon céleste.

Et le Gardien pensif du mystique oranger
Des balcons de l'Aurore éternelle se penche,
Et regarde passer ce fantôme léger
Dans les plis de sa robe immortellement blanche.

L'Incantation du Loup

Les lourds rameaux neigeux du mélèze et de l'aune,
Un grand silence. Un ciel étincelant d'hiver.
Le Roi du Hartz, assis sur ses jarrets de fer,
Regarde resplendir la lune large et jaune.

Les gorges, les vallons, les forêts et les rocs
Dorment inertement sous leur blême suaire,
Et la face terrestre est comme un ossuaire
Immense, cave ou plane, ou bossué par blocs.

Tandis qu'éblouissant les horizons funèbres,
La lune, œil d'or glacé, luit dans le morne azur,
L'angoisse du vieux Loup étreint son cœur obscur,
Un âpre frisson court le long de ses vertèbres.

Sa louve blanche, aux yeux flambants, et les petits
Qu'elle abritait, la nuit, des poils chauds de son ventre,
Gisent, morts, égorgés par l'homme, au fond de l'antre.
Ceux, de tous les vivants, qu'il aimait, sont partis.

Il est seul désormais sur la neige livide.
La faim, la soif, l'affût patient dans les bois,
Le doux agneau qui bêle ou le cerf aux abois,
Que lui fait tout cela, puisque le monde est vide ?

Lui, le chef du haut Hartz, tous l'ont trahi, le Nain
Et le Géant, le Bouc, l'Orfraie et la Sorcière,
Accroupis près du feu de tourbe et de bruyère
Où l'eau sinistre bout dans le chaudron d'airain.

Sa langue fume et pend de la gueule profonde.
Sans lécher le sang noir qui s'égoutte du flanc,
Il érige sa tête aiguë en grommelant,
Et la haine, dans ses entrailles, brûle et gronde.

L'Homme, le massacreur antique des aïeux,
De ses enfants et de la royale femelle
Qui leur versait le lait ardent de sa mamelle,
Hante immuablement son rêve furieux.

Une braise rougit sa prunelle énergique ;
Et, redressant ses poils roides comme des clous,
Il évoque, en hurlant, l'âme des anciens loups
Qui dorment dans la lune éclatante et magique.

Le Parfum impérissable

Quand la fleur du soleil, la rose de Lahor,
De son âme odorante a rempli goutte à goutte
La fiole d'argile ou de cristal ou d'or,
Sur le sable qui brûle on peut l'épandre toute.

Les fleuves et la mer inonderaient en vain
Ce sanctuaire étroit qui la tint enfermée :
Il garde en se brisant son arome divin,
Et sa poussière heureuse en reste parfumée.

Puisque par la blessure ouverte de mon cœur
Tu t'écoules de même, ô céleste liqueur,
Inexprimable amour, qui m'enflammais pour elle !

Qu'il lui soit pardonné, que mon mal soit béni !
Par delà l'heure humaine et le temps infini
Mon cœur est embaumé d'une odeur immortelle !

Sacra fames

L'IMMENSE mer sommeille. Elle hausse et balance
Ses houles où le ciel met d'éclatants flots.
Une nuit d'or emplit d'un magique silence
La merveilleuse horreur de l'espace et des flots.

Les deux gouffres ne font qu'un abîme sans borne
De tristesse, de paix et d'éblouissement,
Sanctuaire et tombeau, désert splendide et morne
Où des millions d'yeux regardent fixement.

Tels, le ciel magnifique et les eaux vénérables
Dorment dans la lumière et dans la majesté,
Comme si la rumeur des vivants misérables
N'avait troublé jamais leur rêve illimité.

Cependant, plein de faim dans sa peau flasque et rude,
Le sinistre Rôdeur des steppes de la mer
Vient, va, tourne, et, flairant au loin la solitude,
Entre-bâille d'ennui ses mâchoires de fer.

Certes, il n'a souci de l'immensité bleue,
Des Trois Rois, du Triangle ou du long Scorpion
Qui tord dans l'infini sa flamboyante queue,
Ni de l'Ourse qui plonge au clair Septentrion.

Il ne sait que la chair qu'on broie et qu'on dépèce,
Et, toujours absorbé dans son désir sanglant,
Au fond des masses d'eau lourdes d'une ombre épaisse
Il laisse errer son œil terne, impassible et lent.

Tout est vide et muet. Rien qui nage ou qui flotte,
Qui soit vivant ou mort, qu'il puisse entendre ou voir.
Il reste inerte, aveugle, et son grêle pilote
Se pose pour dormir sur son aileron noir.

Va, monstre! tu n'es pas autre que nous ne sommes,
Plus hideux, plus féroce, ou plus désespéré.
Console-toi! demain tu mangeras des hommes,
Demain par l'homme aussi tu seras dévoré.

La Faim sacrée est un long meurtre légitime
Des profondeurs de l'ombre aux cieux resplendissants,
Et l'homme et le requin, égorgeur ou victime,
Devant ta face, ô Mort, sont tous deux innocents.

L'Albatros

Dans l'immense largeur du Capricorne au Pôle
Le vent beugle, rugit, siffle, râle et miaule,
Et bondit à travers l'Atlantique tout blanc
De bave furieuse. Il se rue, éraflant
L'eau blême qu'il pourchasse et dissipe en buées ;
Il mord, déchire, arrache et tranche les nuées
Par tronçons convulsifs où saigne un brusque éclair ;
Il saisit, enveloppe et culbute dans l'air
Un tournoiement confus d'aigres cris et de plumes
Qu'il secoue et qu'il traîne aux crêtes des écumes,
Et, martelant le front massif des cachalots,
Mêle à ses hurlements leurs monstrueux sanglots.

Seul, le Roi de l'espace et des mers sans rivages
Vole contre l'assaut des rafales sauvages.
D'un trait puissant et sûr, sans hâte ni retard,
L'œil dardé par delà le livide brouillard,
De ses ailes de fer rigidement tendues
Il fend le tourbillon des rauques étendues,
Et, tranquille au milieu de l'épouvantement,
Vient, passe, et disparaît majestueusement.

Le Sacre de Paris

I

O Paris! c'est la cent deuxième nuit du Siège,
    Une des nuits du grand Hiver.
Des murs à l'horizon l'écume de la neige
    S'enfle et roule comme une mer.

Mâts sinistres dressés hors de ce flot livide,
    Par endroits, du creux des vallons,
Quelques grêles clochers, tout noirs sur le ciel vide,
    S'enlèvent, rigides et longs.

Là-bas, palais anciens semblables à des tombes,
    Bois, villages, jardins, châteaux,
Effondrés, écrasés sous l'averse des bombes,
    Fument au faîte des coteaux.

Dans l'étroite tranchée, entre les parois froides,
    Le givre étreint de ses plis blancs
L'œil inerte, le front blême, les membres roides,
    La chair dure des morts sanglants.

Les balles du Barbare ont troué ces poitrines
    Et rompu ces cœurs généreux.
La rage du combat gonfle encor leurs narines,
    Ils dorment là serrés entre eux.

L'âpre vent qui franchit la colline et la plaine
    Vient, chargé d'exécrations,
De suprêmes fureurs, de vengeance et de haine,
    Heurter les sombres bastions.

Il flagelle les lourds canons, meute géante
    Qui veille allongée aux affûts,
Et souffle par instants dans leur gueule béante
    Qu'il emplit d'un râle confus.

Il gronde sur l'amas des toits, neigeux décombre,
    Sépulcre immense et déjà clos,
Mais d'où montent encor, lamentables, sans nombre,
    Des murmures faits de sanglots ;

Où l'enfant glacé meurt aux bras des pâles mères,
    Où, près de son foyer sans pain,
Le père, plein d'horreur et de larmes amères,
    Étreint une arme dans sa main.

II

Ville auguste, cerveau du monde, orgueil de l'homme,
    Ruche immortelle des esprits,
Phare allumé dans l'ombre où sont Athène et Rome,
    Astre des nations, Paris !

O nef inébranlable aux flots comme aux rafales,
    Qui, sous le ciel noir ou clément,
Joyeuse, et déployant tes voiles triomphales,
    Voguais victorieusement !

La foudre dans les yeux et brandissant la pique,
    Guerrière au visage irrité,
Qui fis jaillir des plis de ta toge civique
    La victoire et la liberté !

Toi qui courais, pieds nus, irrésistible, agile,
    Par le vieux monde rajeuni !
Qui, secouant les rois sur leur tréteau fragile,
    Chantais, ivre de l'infini !

Nourrice des grands morts et des vivants célèbres,
　　Vénérable aux siècles jaloux,
Est-ce toi qui gémis ainsi dans les ténèbres
　　Et la face sur les genoux ?

Vois ! La horde au poil fauve assiège tes murailles !
　　Vil troupeau de sang altéré,
De la sainte patrie ils mangent les entrailles,
　　Ils bavent sur le sol sacré !

Tous les loups d'outre-Rhin ont mêlé leurs espèces :
　　Vandale, Germain et Teuton,
Ils sont tous là, hurlant de leurs gueules épaisses
　　Sous la lanière et le bâton.

Ils brûlent la forêt, rasent la citadelle,
　　Changent les villes en charnier ;
Et l'essaim des corbeaux retourne à tire d'aile,
　　Pour être venu le dernier.

III

O Paris, qu'attends-tu ? la famine ou la honte ?
　　Furieuse et cheveux épars,
Sous l'aiguillon du sang qui dans ton cœur remonte
　　Va ! bondis hors de tes remparts !

Enfonce cette tourbe horrible où tu te rues,
     Frappe, redouble, saigne, mords!
Vide sur eux palais, maisons, temples et rues!
     Que les mourants vengent les morts!

Non, non! tu ne dois pas tomber, Ville sacrée,
     Comme une victime à l'autel;
Non, non, non! tu ne peux finir, désespérée,
     Que par un combat immortel.

Sur le noir escalier des bastions qu'éventre
     Le choc rugissant des boulets,
Lutte! et rugis aussi, lionne au fond de l'antre,
     Dans la masure et le palais.

Dans le carrefour plein de cris et de fumée,
     Sur le toit, l'Arc et le clocher,
Allume pour mourir l'auréole enflammée
     De l'inoubliable bûcher.

Consume tes erreurs, tes fautes, tes ivresses,
     A jamais, dans ce feu si beau,
Pour qu'immortellement, Paris, tu te redresses,
     Impérissable, du tombeau;

Pour que l'homme futur, ébloui dans ses veilles
     Par ton sublime souvenir,
Raconte à d'autres cieux tes antiques merveilles
     Que rien ne pourra plus ternir,

Et, saluant ton nom, adorant ton génie,
 Quand il faudra rompre des fers,
Offre ta libre gloire et ta grande agonie
 Comme un exemple à l'univers.

Janvier 1871.

Si l'Aurore

Si l'Aurore, toujours, de ses perles arrose
Cannes, gérofliers et maïs onduleux ;
Si le vent de la mer, qui monte aux pitons bleus,
Fait les bambous géants bruire dans l'air rose ;

Hors du nid frais blotti parmi les vétivers
Si la plume écarlate allume les feuillages ;
Si l'on entend frémir les abeilles sauvages
Sur les cloches de pourpre et les calices verts ;

Si le roucoulement des blondes tourterelles
Et les trilles aigus du cardinal siffleur
S'unissent çà et là sur la montagne en fleur
Au bruit de l'eau qui va mouvant les herbes grêles ;

Avec ses bardeaux roux jaspés de mousses d'or
Et sa varangue basse aux stores de Manille,
A l'ombre des manguiers où grimpe la vanille
Si la maison du cher aïeul repose encor ;

O doux oiseaux bercés sur l'aigrette des cannes,
O lumière, ô jeunesse, arome de nos bois,
Noirs ravins, qui, le long de vos âpres parois,
Exhalez au soleil vos brumes diaphanes !

Salut ! Je vous salue, ô montagnes, ô cieux,
Du paradis perdu visions infinies,
Aurores et couchants, astres des nuits bénies,
Qui ne resplendirez jamais plus dans mes yeux !

Je vous salue, au bord de la tombe éternelle,
Rêve stérile, espoir aveugle, désir vain,
Mirages éclatants du mensonge divin
Que l'heure irrésistible emporte sur son aile !

Puisqu'il n'est, par delà nos moments révolus,
Que l'immuable oubli de nos mille chimères,
A quoi bon se troubler des choses éphémères ?
A quoi bon le souci d'être ou de n'être plus ?

J'ai goûté peu de joie, et j'ai l'âme assouvie
Des jours nouveaux non moins que des siècles anciens.
Dans le sable stérile où dorment tous les miens
Que ne puis-je finir le songe de ma vie !

Que ne puis-je, couché sous le chiendent amer,
Chair inerte, vouée au temps qui la dévore,
M'engloutir dans la nuit qui n'aura point d'aurore,
Au grondement immense et morne de la mer !

Hiéronymus

Vêtus de bure blanche et de noirs scapulaires,
Cent moines sont assis aux bancs Capitulaires.
Ayant psalmodié l'*Angelus Domini*
Et clos les lourds missels sous le vélin jauni,
Sans plus mouvoir la lèvre et cligner la paupière
Que les Saints étirés dans les retraits de pierre,
Impassibles comme eux, ils attendent, les bras
En croix. La cire flambe et sur leurs crânes ras
Prolonge des lueurs funèbres. La grand'salle
Est muette. Érigeant sa forme colossale,
Un maigre Christ, cloué contre le mur, au fond,
Touche de ses deux poings les poutres du plafond
Et surplombe la Chaire abbatiale, où siège,
Avec sa tête osseuse et sa barbe de neige,

Ascétique, les mains jointes, le dos courbé,
Hiéronymus, le vieil et révérend Abbé.

En face, seul, debout, sans cape ni sandales,
Et du sang de ses pieds tachant les froides dalles,
Un autre moine est là, silencieux aussi.
L'œil dardé devant soi, bien loin de ce lieu-ci,
Au travers de ces murs massifs son âme plonge
Dans le ravissement d'un mystérieux songe;
Un sourire furtif fait reluire ses dents;
Mais il reste immobile et les deux bras pendants,
Dédaigneux du pardon ou de la peine atroce.
Enfin, l'Homme sacré par la mitre et la crosse,
Qui peut remettre aux mains de son proche héritier
Dix mille manants, serfs de glèbe ou de métier,
Plein droit de pendaison sur ces engeances viles,
Droit d'anathème et droit d'interdit sur deux villes,
Et devant qui bourgeois et séculiers jaloux
Et barons cuirassés fléchissent les genoux,
Hiéronymus, levant son front strié de rides
Et ses yeux desséchés par les veilles arides,
Se signe lentement et dit à haute voix :

— Le chemin est mauvais, mon frère, où je vous vois.
Après tant de longs jours et tant d'heures damnées,
Cette désertion, Jésus! de deux années!
D'où sortez-vous ainsi? Qu'avez-vous fait, perdu
Dans la fange du siècle à qui l'Enfer est dû?
Est-ce l'horrible soif des voluptés charnelles

Qui chauffait votre gorge et troublait vos prunelles ?
Jusqu'au dégoût final êtes-vous abreuvé ?
Que cherchiez-vous au monde, et qu'avez-vous trouvé ?
Rien. Honteux, affamé, chargé d'ignominie,
Vous haletez autour de notre paix bénie
Comme un mort effrayant qui cherche son cercueil ;
Mais l'expiation rigide est sur le seuil.
Désormais, dussiez-vous trépasser centenaire,
Il faut payer le prix de ce qui régénère,
Et, face à face avec l'horreur de son péché,
Vivre en sa tombe avant d'y demeurer couché.
Ne le saviez-vous point ? Qui méprise la règle
N'est qu'un oison piteux qui tente d'être un aigle.
La paupière cousue, il va par monts et vaux,
Culbutant d'heure en heure en des pièges nouveaux,
Jusqu'à ce qu'il trébuche au bord de la Géhenne
Où sont les grincements de dents, les cris de haine
Et la flamme vorace où cuisent les maudits.
Mon frère, sachez-le ! vraiment, je vous le dis :
Mieux vaut le fouet qui mord, mieux vaut l'âpre cilice,
Quand la Béatitude est au bout du supplice,
Que la chair satisfaite et pour le Diable à point.
Malheur à qui Jésus sanglant ne suffit point !
Malheur à qui, brisant le joug divin, oublie
Que penser est blasphème et vouloir est folie !
Car les siècles s'en vont irréparablement,
Et l'Éternité s'ouvre après le Jugement !
Hélas ! voici bientôt que l'ultime des heures
Sonnera le dernier des glas sur nos demeures ;

Nulle rémission, ni délai, ni merci.
Le vent se lève et va nous balayer d'ici
Comme la paille sèche aux quatre coins de l'aire,
Enfant à la mamelle et vieillard séculaire,
Serfs et maîtres, palais, chaumes, peuples et rois.
Le mur de Balthazar allume ses parois !
Tout désir est menteur, toute joie éphémère,
Toute liqueur au fond de la coupe est amère,
Toute science ment, tout espoir est déçu.
La sainte Église a dit ce qui doit être su !
Qui doute d'Elle est mort déjà durant la vie ;
Qui pousse par delà son rêve et son envie,
Qui veut mordre le fruit d'où sort la vieille faim,
Sans jamais l'assouvir meurt pour le temps sans fin.
Donc, le fait est sûr : croire, obéir et se taire,
Ramper en gémissant la face contre terre
Et s'en remettre à Dieu qui nous tient dans sa main,
C'est la sagesse unique et le meilleur chemin.
Oui ! pour l'âme en sa foi tout entière abîmée,
Puisque aussi bien le monde est misère et fumée,
Sans Dieu que reste-t-il ? Leurre et rébellion
Venant du Tentateur affamé, ce lion
Qui rôde et qui rugit, qui s'embusque et regarde,
Cherchant à dévorer les brebis hors de garde,
Vagabondes, la nuit, sans souci du danger,
Loin de l'enclos solide et des chiens du berger,
Et, brusque, bondissant du fond des ombres noires
Pour les happer d'un coup de ses larges mâchoires !
Voyez ! songez combien les choses valent peu

Pour qui vous encourez l'inextinguible Feu,
Outre le désespoir des minutes prochaines,
Mais vous n'endurez point le doux poids de nos chaînes;
Frère, l'humilité n'est pas votre vertu.
Vous étiez colérique, indocile, têtu,
Téméraire, offensant par vos actes et gestes
Notre maison pieuse et vos patrons célestes,
Et vous multipliant en exemples malsains.
Le mal était fort grand. Il est pire. Les Saints,
Voyant la discipline à ce point amoindrie
Et que l'agneau galeux souille la bergerie,
S'en irritent. Voici l'heure du châtiment.
Cette tâche est amère et lourde assurément
Pour mon insuffisance et ma décrépitude;
Mais ma force est en Dieu, si le labeur est rude,
Et le salut final du pécheur fort chanceux,
Sinon désespéré. Mon frère, étant de ceux
Qui raillent la douceur et la miséricorde,
Vous serez éprouvé par le jeûne et la corde;
D'après le monitoire et les canons anciens,
Vous vivrez du rebut des pourceaux et des chiens;
Vous dormirez, couché sur des pierres fort dures,
Au fond de l'*In-pace*, dans vos propres ordures,
Macérant votre chair et domptant votre esprit;
Et lorsque vous rendrez l'âme, à l'instant prescrit,
Du moins les Bienheureux l'attestent, ira-t-elle
S'ébattre, blanche et pure, en sa gloire immortelle,
Soustraite pour jamais au Tentateur subtil
Dont l'Archange Michel nous garde! — Ainsi soit-il!

La volonté de tous, mon frère, étant la même,
Tel est l'arrêt du Saint-Chapitre qui vous aime.
Selon la bonne règle et le commandement,
A genoux! Confessez vos crimes hautement;
Ouvrez-nous votre cœur et que le Diable en sorte! —

L'autre dressa la tête, et parla de la sorte:

— Très révérend Abbé Hiéronymus, et vous,
Frères, juger en hâte est l'office des fous.
La meilleure harangue, en tel cas, est pareille
Au son vide du vent qui souffle dans l'oreille.
Oyez! car il y va de mort ou de salut.
J'ai fait ce qu'il fallait et ce que Dieu voulut.
Quiconque veut nier la vérité, qu'il l'ose!
Oh! que d'ardentes nuits, dans ma cellule close,
M'ont vu veillant, priant, le front sur le pavé,
Plein de l'âpre désir du triomphe rêvé,
De l'éblouissement de l'Église éternelle,
Hors du monde et de l'ombre, et d'un coup de son aile
Emportant ses Élus dans les cieux rayonnants!
Que de fois j'ai meurtri mes reins nus et saignants
Pour que, de chaque plaie et de chaque blessure,
Mon âme rejaillit d'une vigueur plus sûre
Aux sources de la vie et de la vérité
Où l'homme aspire et dont l'homme est déshérité!
Que de fois, desséché d'une abstinence austère,
Assumant le fardeau des péchés de la terre,
Baigné des pleurs versés pour tous, ivre, éperdu,

J'ai crié jusqu'à Dieu qui n'a pas répondu !
Dieu faisait bien. Les cris, les extases, les larmes ?
Inepte sacrifice et misérables armes !
Méditer, solitaire, au fond des noirs moutiers,
Quand l'Agneau, dépecé par les loups, en quartiers,
Lamentablement bêle, et sans qu'on vienne à l'aide !
N'être ni chaud, ni froid, dit l'Apôtre, mais tiède !
Jeûner, meurtrir sa chair, user de ses genoux
Les marches de l'autel où Jésus meurt pour nous !
Mesurer l'Agonie éternelle à notre heure !
Gémir dans l'ombre enfin pendant que le Ciel pleure,
Et que l'Enfer s'égaie, et que ruisselle en vain
L'intarissable Sang du supplice divin !
Était-ce donc le temps des inertes prières,
Quand le Démon soufflait ses rages meurtrières
Aux princes affolés autant qu'aux nations,
Et les engloutissait dans ses perditions,
Sans qu'on fît rien de plus pour la cause sacrée
Qu'offrir le maigre prix de sa chair macérée,
Ayant cette insolence et cette vanité
De songer que le monde est ainsi racheté ?
Par les Saints tout sanglants de leurs combats, la tâche
Serait aisée et douce et favorable au lâche,
Et la Béatitude à bon marché ! Non, non !
Dieu met à plus haut prix la gloire de son nom.
Frères, je vous le dis : l'Équité vengeresse
Nous commande d'agir et maudit la paresse.
Il faut laisser les morts ensevelir leurs morts,
Et se ceindre les reins pour le combat des forts,

Ou la race d'Adam perdra son patrimoine ! —

L'Abbé, d'un brusque geste, interrompit le moine :

— Confessez vos erreurs, frère ! Ne touchez point
Au reste. J'ai reçu mission sur ce point.
Or, vous êtes hardi par delà la mesure.
Est-ce au serf à juger, du fond de sa masure,
Les princes de la terre en leurs secrets conseils ?
Dieu, sachant ce qu'il fait, les voulut-il pareils ?
Est-ce à l'enfant, dans ses vanités effrénées,
D'avertir follement mes quatre-vingts années,
De gourmander la foi d'autrui de son plein chef
En m'arrachant du poing la barre de la nef ?
Lourd de péchés, rongé de démence et de bile,
Est-ce à vous de peser dans votre main débile
Les choses de ce monde et les choses d'en haut,
Disant ce qu'elles sont et comment il les faut ?
Vous sied-il d'augurer des Volontés divines ?
Un très risible orgueil vous enfle les narines,
Frère ! et vous délirez, en ce triste moment,
Certes, plus que jamais et fort piteusement.
Entendez la raison, n'aggravez point vos fautes ;
Car on chute plus bas des cimes les plus hautes,
Car plus de honte attend le plus ambitieux,
Et le plus vieil Orgueil s'est écroulé des cieux !
Donc, laissez là le monde et ses rudes tempêtes :
La poussière convient à ce peu que vous êtes.
Le Seigneur équitable a donné sagement

Le reptile à la fange et l'astre au firmament,
L'herbe au pré vert, la neige aux montagnes chenues,
La mousse au rouge-gorge et l'aigle aux sombres nues !

— Dieu met son signe auguste au front de qui lui plaît ;
Il a négligé l'aigle et choisi l'oiselet,
Dit le Moine. Pourquoi ? Qui le dira ? Personne.
Je suis le trait qu'on darde ou le clairon qu'on sonne,
Et le clairon sonore ou le trait encoché
S'en remet à qui l'enfle ou qui l'a dépêché.
Mes frères, une nuit, de celles que j'ai dites,
Tandis que, gémissant des victoires maudites,
Je veillais, prosterné devant mon crucifix,
J'entendis une Voix qui me disait : — Mon fils ! —

Elle était douce et triste et cependant immense
Et semblait déborder l'universel silence.
Tremblant, je soulevai ma face pâle, et vis,
Non la pure lumière où les Saints sont ravis,
Hélas ! mais un ciel noir tout lardé de feux blêmes
Où tournoyaient, hagards, des spectres de blasphèmes,
Des faces de damnés, et de hideux troupeaux
De bêtes, chats et loups, dragons, pourceaux, crapauds
Énormes, qui bavaient une écume de soufre
Et pleuvaient comme grêle au travers de ce gouffre.
Et je vis un Rocher sans herbes et sans eaux
Où des milliers de morts avaient laissé leurs os,
Et qui montait du fond de l'abîme. A son faîte
Le Gibet d'où pendait la Sainteté parfaite

Se dressait dans la nue affreuse; et, tout autour,
Les carnassiers de l'air, aigle, corbeau, vautour,
De la griffe et du bec, effroyables convives,
Du sacré Rédempteur déchiraient les chairs vives!
Car les Onze, à ses pieds, rêvant du Paradis,
Dormaient tranquillement comme ils firent jadis.
Et la voix de Jésus emplissait les nuées:
— Mon flanc saigne toujours et mes mains sont clouées;
L'apôtre et le fidèle, en ce siècle de fer,
M'abandonnent en proie aux bêtes de l'Enfer,
Et d'heure en heure, hélas! leur tourbillon pullule.
Lève-toi! C'est assez gémir dans ta cellule;
L'inactive douleur est risée aux Démons.
Va, mon fils! Fuis dans l'ombre, et traverse les monts.
Pour ton Dieu qu'on blasphème et pour l'âme de l'homme,
Sans trêve, ni répit, marche tout droit sur Rome;
Va, ne crains rien. Secoue avec un poing puissant
Le Siège apostolique où sommeille Innocent;
Allume sa colère aux flammes de la tienne;
Et qu'il songe à sauver la Provence chrétienne
Des légions de loups qui lui mordent les flancs:
Princes de ruse ourdis, en leur foi chancelants,
Poussant d'un pied furtif sur la mer écumante
La Barque de l'Apôtre en proie à la tourmente;
Évêques arborant avec des airs royaux
La crosse d'or massif et la mitre à joyaux,
Tandis que sous l'injure et l'âpreté des nues
Les ouailles sans bergers grelottent toutes nues;
Moines qui, n'ayant plus ni d'oreilles, ni d'yeux,

S'endorment, engraissés de paresse, oublieux
Que les heures du siècle infaillible sont proches
Et que les porcs trop gras ne sont pas loin des broches ;
Hérétiques enfin, par le Diable excités,
Emplissant plaine et mont, les champs et les cités,
Dévorant la moisson comme des sauterelles,
Furieux et cherchant d'insolentes querelles
Aux mystères sacrés accomplis au Saint lieu,
A mes élus, à mes Anges, et même à Dieu !
Dis-lui que la Caverne, autrefois bien scellée,
Comme une éruption vomit sa tourbe ailée
A travers les débris du Couvercle infernal ;
Qu'abandonnée aux flots, en proie aux vents du mal,
La Croix, phare céleste où rayonnait ma gloire
Espérance enflammée au sein de la nuit noire,
Tremble et s'éteint avec mes soupirs haletants !
Mon fils, mon fils, debout ! Voici les derniers temps !—
Va ! Que le Serviteur des serviteurs se lève,
Qu'il brûle avec le feu, qu'il tranche avec le glaive,
Qu'il extermine avec la foudre et l'Interdit,
Et que tout soit remis dans l'ordre. Va ! J'ai dit. —

Tel parla le Seigneur Jésus, triste et sévère.
L'ombre soudainement engloutit le Calvaire ;
Tout le ciel éteignit sa sinistre lueur ;
Un long frisson courut dans ma chair en sueur,
Et je restai muet. Sainte épouvante ! ô joie
Terrible de l'Élu que la Grâce foudroie !
O nuit noire où flamboie un immense soleil !

Arrachement sacré du terrestre sommeil !
Une aurore éclatante inonda mes prunelles
De la brusque splendeur des choses éternelles !
Mon cœur s'enfla de Dieu, je me dressai, plus fort
Que l'homme et que le monde et que l'antique mort,
Croyant voir, pour navrer Lucifer et sa clique,
Resplendir à mon poing l'Épée archangélique !
Et je partis. L'étoile éclairait mon chemin
Qui mena les trois Rois au Berceau surhumain.
Et je passai les monts, leurs neiges, leurs abîmes ;
J'allai, seul, nuit et jour, plein de songes sublimes,
Sous la nue orageuse ou le ciel transparent,
Mangeant le fruit sauvage et buvant au torrent ;
A travers les moissons florissantes des plaines,
A travers les cités, ces ruches de bruit pleines
Où chacun fait un miel dont le Diable est friand,
J'allai, j'allai toujours, mendiant et priant,
En haillons, les pieds nus, tout chargé de poussière,
Jusqu'à l'heure où je vis monter dans la lumière
La Ville aux sept coteaux, en qui Dieu se complaît,
Et qu'abrite à jamais l'aile du Paraclet,
La Source baptismale où se lavent nos fanges,
La Piscine d'eau vive où s'abreuvent les Anges,
Le Port où vont les cœurs confiants et hardis,
La Citadelle où sont les clés du Paradis !
O Rome ! ô Cité sainte ! ô vénérable Mère !
Refuge des vivants dans la tourmente amère,
Recours des morts auprès du Seigneur irrité,
Centre de la justice et de la vérité,

Mes lèvres ont baisé ton sol deux fois auguste
Où le sang du martyr fit la pourpre du juste !
O Siége de Grégoire et d'Urbain ! Saint Autel
Qu'enveloppe d'amour le Mystère immortel,
Mes yeux ont contemplé ta beauté que j'adore,
De la Béatitude éblouissante aurore !
J'ai vu Celui par qui Dieu règle l'Univers,
Qui hausse l'humble au ciel et dompte le pervers,
Qui frappe et qui guérit, qui lie et qui dénoue,
Qui renverse d'un mot dans l'opprobre et la boue,
Et foule également de son talon d'airain
Les peuples trop rétifs et les rois durs au frein,
Et les audacieux enfiévrés d'insolence
Qui, pesant l'homme et Dieu dans la même balance,
Mettent l'Enfer qui brûle et qui hurle en oubli.
Mon cœur n'a point tremblé, mon œil n'a point faibli ;
Le Charbon prophétique a flambé sur ma bouche !
J'ai parlé, moi, le moine, humble, inconnu, farouche,
Devant la majesté du Saint-Siége romain,
Pour le rachat d'hier et celui de demain.
Oui ! l'infaillible Esprit m'a fait jaillir de l'âme
La foi contagieuse en paroles de flamme ;
Et le très glorieux Pontife m'a commis
Le soin de faire affront, Christ, à tes ennemis,
Et d'appliquer le feu sur toute chair malsaine.
Frères ! du Tibre au Rhône et du Rhône à la Seine,
J'ai couru, j'ai prêché, voici deux ans entiers,
Aux princes, aux barons, aux bourgeois, aux routiers,
L'extermination par Dieu même prescrite

Du Kathare hérétique, impur, lâche, hypocrite,
Et des peuples souillés par son attouchement.
Et tous ont entendu mon appel véhément,
Non que l'unique amour de Jésus les attire:
Ils vont à la curée et non pas au martyre;
Mais il importe peu que le flot déchaîné
Soit impur, s'il fait bien le travail ordonné;
Si, de la sainte Église embrassant la querelle,
Prince hors du palais, baron de sa tourelle,
Bourgeois de son logis et routier vagabond,
Comme un torrent gonflé par la neige qui fond,
S'épandent à travers la Provence infidèle
Afin que rien n'échappe et ne survive d'elle!
Que j'entende, Jésus! flamber les épis mûrs,
Rugir les mangonneaux et s'effondrer les murs,
Les cadavres damnés, rouges de mille plaies,
Nus et les bras ballants, tressauter sur les claies
Aux longs cris d'anathème éclatant dans les cieux!
Que j'entende hurler les jeunes et les vieux,
Et râler sous mes pieds cette race écrasée!
Que la vapeur du sang lave de sa rosée
Le ciel qu'ils blasphémaient dans leur impunité,
Cet air, pur autrefois, et qu'ils ont infecté,
Et ce sol qu'ils souillaient comme des immondices!
Et qu'ils meurent têtus, pour que tu les maudisses,
Jésus! — Debout! Voici l'heure d'agir. Allons!
Debout! Troussez le froc qui vous bat les talons;
Laissez les vieux prier pour la proche victoire,
Et, la croix d'une main, la torche expiatoire

De l'autre, pour l'Église et pour Dieu, sans repos,
Combattez au soleil le Diable et ses suppôts ! —

Sur ce, le vieil Abbé se leva de sa chaire :

— C'est assez de démence. Endossez votre haire,
Bouclez votre cilice et rentrez dans la nuit.
Si l'esprit d'imprudence et d'orgueil vous y suit,
Vous y combattrez mieux le Démon qui vous navre,
Et nous prierons pour l'âme au sortir du cadavre,
Car vous avez menti, si vous n'avez rêvé.
Or, le mensonge est dit, le rêve est achevé.
Descendu tout au fond de la chute effroyable,
Vous connaîtrez bientôt l'illusion du Diable !
Nous vous affranchirons de ses fers mal scellés.
Silence ! Qu'on le mène aux ténèbres. — Allez ! —
Mais le Moine arracha de sa robe entr'ouverte
Le Parchemin fatal scellé de cire verte,
Le déroula d'un geste impérieux, tendit
La droite, et, d'une voix dure et hautaine, dit :

— Tu t'abuses, vieillard, et tu tombes au piège !
Je suis Légat du Pape et l'élu du Saint-Siège.
Voici le Bref signé d'Innocent. Tu n'as point
Pressenti que j'avais les deux glaives au poing ?
Or, je vais dissiper ta cécité profonde.
Éveille-toi, vieillard, ouvre les yeux au monde !
Voici le Bref papal. Écoute. Tu n'es plus
Chef d'ordre, Abbé mitré. Les temps sont révolus

De ta puissance inerte et de ta foi muette.
A la main sans vigueur succède un bras qui fouette,
A l'aveugle un voyant, un mâle au décrépit ;
Car l'heure nous commande et ne veut nul répit,
Car Dieu, que le salut de ce monde intéresse,
Allume entre mes mains sa torche vengeresse ;
Et dans mon cœur saisi de joie, ivre d'horreur,
Sa patience à bout fait place à sa fureur !
C'est à moi de brandir la crosse qui t'échappe :
Par la grâce et le choix je suis Légat du Pape,
Je tranche la courroie et romps le joug ancien.
Prends donc. Lis, soumets-toi, va-t-en, tu n'es plus rien ! —

Hiéronymus lui dit : — L'éternel Adversaire,
Non content du blasphème est par surcroit faussaire,
Et voici le renard qui vient après le loup ! —

Il lut, et tressaillit, et chancela du coup.
Puis, comme un pénitent eût fait d'une relique,
Humblement il baisa le Bref apostolique,
Le relut, et, signant trois fois son pâle front :

— Béni soit le Saint-Père, et béni soit l'affront
Qui me foudroie au bord de ma tombe prochaine !
Béni soit le Seigneur qui descelle ma chaine !
Le poids en était lourd à mon cou faible et vieux,
Et l'ombre de la mort a passé dans mes yeux.
C'est le temps de partir, c'est le temps qu'on m'oublie.
Tout est dit, tout est bien. Frères, je vous délie.

Obéissez, priez, vivez. Moi, je m'en vais,
Ma tâche faite, ayant vécu des jours mauvais,
Mais rendant grâce au Ciel jusqu'à mon dernier râle.
Amen ! Voici la mitre et la croix pectorale,
Et la chape, et l'étole, et la crosse et l'anneau.
Au nom du Père, au nom de l'éternel Agneau,
Au nom de la Colombe et de la Vierge mère,
Amen ! Heureux qui sort de la vie éphémère
Et rentre dans la paix de son éternité !
Amen ! amen ! au nom de l'unique Équité !
Nous le savons : le champ que Dieu même ensemence,
Hors du monde fleurit dans la lumière immense.
Puissé-je contempler sa gloire, en qui je crois !
Amen ! Amen ! Je m'en remets au Roi des Rois. —
Et le vieillard, courbant sa tête vénérable,
Traversa le Chapitre et s'en alla semblable
Au spectre monacal qui traîne son froc blanc,
Sans insignes, débile, et l'humble corde au flanc.
Une rumeur confuse emplit la salle sombre ;
Et tous le regardaient disparaître dans l'ombre ;
Mais le Moine bondit dans la chaire et cria :

— A l'œuvre ! Dieu le veut ! à l'œuvre ! Alleluia ! —

L'Aboma

Du pied des sommets bleus, là-bas, dans le ciel clair,
Épandu sur les lacs, les forêts et les plaines,
Le vaste fleuve, enflé de cent rivières pleines,
S'en va vers l'orient du monde et vers la mer.

L'or fluide du jour jaillit en gerbes vives,
Monte, s'épanouit, retombe, et, ruisselant
Comme un rose incendie au fleuve étincelant,
Semble le dilater au-dessus de ses rives.

Sous les palétuviers visqueux, aux longs arceaux,
Dans l'enchevêtrement aigu des herbes grasses,
Tourbillonne l'essaim des moustiques voraces
Et des mouches dont l'aile égratigne les eaux.

L'Ara vêtu de pourpre éveille les reptiles,
Crotales et corails, agacés de ses cris,
Et qui bercent le nid grêle des colibris
Par l'ondulation de leurs fuites subtiles.

Au loin, à l'horizon des pacages herbeux,
Où la brume en flocons transparents s'évapore,
Passent, aiguillonnés des flèches de l'aurore,
Des troupeaux d'étalons sauvages et de bœufs.

Ils courent, les uns fiers et joyeux, l'œil farouche,
Crins hérissés, la queue au vent, et par milliers
Martelant bonds sur bonds les déserts familiers,
Et ceux-ci, mufle en terre et la bave à la bouche.

Les caïmans, le long des berges embusqués,
Guettent, en soulevant du dos la vase noire,
Le jaguar qui descend au fleuve pour y boire
Et qui hume dans l'air leurs effluves musqués.

Mais sur l'îlot moussu que la rosée imbibe,
Par les vagues rumeurs troublé dans son sommeil,
Se déroule, haussant sa spirale au soleil,
Le vieux roi des pythons, l'Aboma caraïbe.

La mâle torsion de ses muscles d'acier
Soutient le col superbe et la tête squameuse ;
Sa queue en longs frissons fouette l'onde écumeuse ;
Il se dresse du haut de son orgueil princier.

Armuré de topaze et casqué d'émeraude,
Comme une idole antique immobile en ses nœuds
Tel, baigné de lumière, il rêve, dédaigneux
Et splendide, et dardant sa prunelle qui rôde.

Puis, quand l'ardeur céleste enveloppe à la fois
Les nappes d'eau torride et la terre enflammée,
Il plonge, et va chercher sa proie accoutumée,
Le taureau, le jaguar, ou l'homme, au fond des bois.

A un Poète mort

Toi dont les yeux erraient, altérés de lumière,
De la couleur divine au contour immortel
Et de la chair vivante à la splendeur du ciel,
Dors en paix dans la nuit qui scelle ta paupière.

Voir, entendre, sentir? Vent, fumée et poussière.
Aimer? La coupe d'or ne contient que du fiel.
Comme un Dieu plein d'ennui qui déserte l'autel,
Rentre et disperse-toi dans l'immense matière.

Sur ton muet sépulcre et tes os consumés
Qu'un autre verse ou non les pleurs accoutumés,
Que ton siècle banal t'oublie ou te renomme;

Moi, je t'envie, au fond du tombeau calme et noir,
D'être affranchi de vivre et de ne plus savoir
La honte de penser et l'horreur d'être un homme !

La Bête écarlate

L'Homme, une nuit, parmi la ronce et les graviers,
Veillait et méditait sous les noirs oliviers,
Au delà du Qidrôn pierreux et des piscines
De Siloa. Le long des rugueuses racines,
Les Onze, çà et là, dormaient profondément.
Et le vent du désert soufflait un râlement
Lamentable, et la nuit lugubre en était pleine.
Et l'Homme, enveloppé de sa robe de laine,
Immobile, adossé contre un roc, oublieux
Des ténèbres, songeait, une main sur les yeux.

Or, l'Esprit l'emporta dans le ciel solitaire ;
Et, brusquement, il vit la face de la terre
Et les mille soleils des temps prédestinés,
Et connut que les jours de son rêve étaient nés :

Un vaste remuement de choses séculaires,
Une écume de bruits, de sanglots, de colères,
Heurtant, engloutissant par bonds prodigieux
Les vieilles nations, leur génie et leurs Dieux,
Comme, aux flots débordés par l'antique Déluge,
La jeune humanité, moins l'Arche du refuge ;
Puis, un fourmillement convulsif, un concert
De cris rauques, qui roule aux sables du désert ;
Des spectres de famine accroupis dans les antres,
De leurs bras décharnés serrant leurs maigres ventres,
Hâves, hagards, haineux et rongés de remords,
Épouvantés de vivre autant que d'être morts,
Hachés de coups de fouet, et la chair haletante
Des lubriques désirs d'une éternelle attente,
Martyrs injurieux dont le rêve hébété
Blasphème la lumière et maudit la beauté !

Et l'Homme, du milieu de la Ruine immense,
De ces longs hurlements de rage et de démence
Que traversait le rire insulteur des démons,
Vit croître, se dresser, grandir entre sept Monts,
Telle que la Chimère et l'Hydre, ses aïeules,
Une Bête écarlate, ayant dix mille gueules,
Qui dilatait sur les continents et la mer
L'arsenal monstrueux de ses griffes de fer.

Un triple diadème enserrait chaque tête
De cette somptueuse et formidable Bête.
Une robe couleur de feu mêlé de sang

Pendait à larges plis de son râble puissant ;
Ses yeux aigus plongeaient à tous les bouts du monde ;
Et, dans un bâillement, chaque gueule profonde
Vomissait sur la terre, en épais tourbillons,
Des hommes revêtus de pourpre ou de haillons,
Portant couronne et sceptre, ou l'épée, ou la crosse,
Et tous ayant, gravée au front, l'image atroce
Des deux poutres en croix où, liés par les mains,
Agonisent, pendus, les Esclaves romains.

Et les Fils de la Bête, ou rampants, ou farouches,
Allaient, couraient, crevant les yeux, cousant les bouches,
Tantôt pleins de fureur, comme les loups des bois
Que pourchassent la soif et la faim, et, parfois,
Semblables aux renards, peste des bergeries,
Qui se glissent, furtifs, aux nocturnes tueries.
Et, dans les cachots sourds, les chevalets sacrés
Membre à membre broyaient les hommes massacrés.
Vénérable au troupeau des victimes serviles,
L'Extermination fauchait têtes et villes ;
Et les bûchers flambaient, multipliés, dans l'air
Fétide, consumant la pensée et la chair
De ceux qui, de l'antique Isis levant les voiles,
Emportaient l'âme humaine au delà des étoiles !
Et tous ces tourmenteurs par la Bête vomis
Poursuivaient jusqu'aux morts dans la tombe endormis ;
Gorgés, mais non repus, de vivante pâture,
Ils se ruaient, hideux, sur cette pourriture,
Et s'entre-déchiraient enfin, faute de mieux !

Et la Bête rugit de triomphe, et les cieux
S'emplirent lentement de ténèbres épaisses.
Tout astre s'éteignit, et toutes les espèces
Moururent, et la terre, en cendre, s'en alla
Dans le vide, et plus rien ne fut de tout cela.

Et l'Homme, hors du temps et hors de l'étendue,
De l'œil intérieur de son âme éperdue
Vit s'élargir un gouffre où, sur des grils ardents,
Avec des bonds, des cris, des grincements de dents,
Les générations se tordaient, enflammées,
Toujours vives, cuisant et jamais consumées,
Races de tout pays et de tout siècle, vieux
Et jeunes, et petits enfants, frais et joyeux,
A peine ayant déclos leurs naïves paupières,
Et qui, dans les bouillons torrides des chaudières,
Montaient et descendaient épouvantablement,
Parce ce qu'ils étaient morts avant le Sacrement !

Et l'Homme, en un beau lieu d'ineffables délices,
Vit de rares Élus penchés sur ces supplices,
Le front illuminé de leurs nimbes bénis,
Qui contemplaient d'en haut ces tourments infinis,
Jouissant d'autant plus de leur bonheur sublime
Que plus d'horreur montait de l'exécrable abîme !
Et l'Homme s'éveilla de son rêve, muet,
Haletant et livide. Et tout son corps suait
D'angoisse et de dégoût devant cette géhenne
Effroyable, ces flots de sang et cette haine,
Ces siècles de douleurs, ces peuples abêtis,

Et ce Monstre écarlate, et ces démons sortis
Des gueules dont chacune en rugissant le nomme,
Et cette éternité de tortures! Et l'Homme,
S'abattant contre terre avec un grand soupir,
Désespéra du monde, et désira mourir.

Et, non loin, hors des murs de Tsiôn haute et sombre,
La torche de Judas étincela dans l'ombre!

Le Lévrier de Magnus

Certes, le duc Magnus est fort comme un vieux chêne
Mais sa barbe est très blanche, il a quatre-vingts ans
Et songe quelquefois que son heure est prochaine.

Droit dans sa gonne, avec son collier de besans
Et la bande de cuir où pend la courte dague,
A travers la grand'salle il marche à pas pesants.

Son front chauve est haché de rides, son œil vague
Regarde sans rien voir. Sur un des doigts osseux
Une opale larmoie au chaton d'une bague.

Hâlé par de lointains soleils, il est de ceux
Que, jadis, le César Souabe à barbe rousse
Emmena pour aider aux Chrétiens angoisseux.

Il eut, en ce temps-là, mille vassaux en trousse,
Serfs et soudards, bandits de la plaine et du Rhin,
Son cri de guerre étant : Sus ! Oncques ne rebrousse !

Tous étaient gens de sac et de corde et sans frein,
Assoiffés du butin des villes merveilleuses
Aux toits d'or, aux pavés d'argent, aux murs d'airain.

Rêvant meurtre et pillage et nuits luxurieuses,
Casqués du morion, lance au poing, cotte au flanc,
Ils l'ont suivi dans ses aventures pieuses.

Sur la route, à travers les royaumes, brûlant
Et saccageant, mettant à mal les belles Juives,
Ils ont rôti les Juifs couchés au gril sanglant.

Aux exécrations des bouches convulsives
Ils répondaient avec les rires de l'Enfer,
Et leurs dagues gravaient la croix dans les chairs vives.

Puis, ils ont vu Byzance et l'éclatante mer,
Et meurtri le sein blanc des Idoles divines
Sous les coups qu'assénaient leurs gantelets de fer.

Enfin, ivres déjà de sang et de rapines,
Vers le Sépulcre saint, sans plus tourner le dos,
Ils se sont enfoncés aux terres Sarrasines.

Mais fièvre, soif, bataille et marches sans repos
Ont si bien travaillé par l'Orient vorace,
Qu'ils sont tous morts, semant les chemins de leurs os.

Pour lui, dur et robuste et fort têtu de race,
L'armée en désarroi, demeura, seul des siens,
Et le sable, au désert, ensevelit sa trace.

Ses proches, ses amis, ses serviteurs anciens
Ont vécu, sans espoir que le temps le ramène,
Le croyant trépassé chez les peuples païens.

Ils dorment au tombeau, las d'une attente vaine;
Et la ronce et l'ortie ont obstrué depuis
Les coteaux et les champs de l'antique domaine.

Les fossés sont à sec, l'eau stagnante des puits
Décroit. Sans révéler rien de ses destinées,
Aux monotones jours ont succédé les nuits.

Mystérieusement, après soixante années,
Le voici reparu sur les coteaux du Rhin
D'où, jeune, il déploya ses ailes déchaînées.

Il n'est point revenu, pauvre, la corde au rein,
Avec l'humble bourdon et les blancs coquillages,
Par les routes, pieds nus, tel qu'un vieux pèlerin.

On n'a point vu passer de somptueux bagages
Escortés de captifs faits aux peuples maudits,
Cheminant et ployant sous le poids des pillages.

Mais, une nuit, des serfs, du fond de leurs taudis,
Derrière la muraille hier déserte encore
Ont vu luire des feux de leurs yeux interdits.

Quand, comment et par où, revint-il ? On l'ignore.
C'est bien lui cependant, sur le sombre rocher
Qui le verra mourir et qui vit son aurore.

Les moines ni les clercs n'osent plus l'approcher ;
Aux cavités de la chapelle centenaire
L'orfraie et le hibou, seuls, sont venus nicher.

Il vit là désormais, sur le haut de son aire,
Dans le donjon moussu qu'ont noirci tour à tour
Les hivers, les étés, la pluie et le tonnerre.

Et derrière les murs lézardés de la tour
Il a, pour compagnons de sa vieillesse impie,
Trois Sarrasins muets ramenés au retour.

Chacun, baron ou serf, s'inquiète et l'épie ;
Mais nul n'a franchi l'huis barré de fer du seuil.
On ne sait ce qu'il fait ou quel crime il expie.

Un souffle d'épouvante, un air chargé de deuil
Plane autour du Croisé qui ne prie et ne chasse,
Et qui s'est clos, vivant, dans ce morne cercueil.

Les voyageurs qui vont de Thuringe en Alsace
Passent en hâte, par les sentiers détournés,
Et se signent trois fois, et parlent à voix basse.

Les Chevaliers-bandits, ces pilleurs forcenés
Qui rôdent, infestant les deux bords du grand fleuve,
S'écartent, eux aussi, des hauts murs ruinés.

Soit qu'ils jugent la proie assez piètre et peu neuve,
Soit respect du vieux Duc blanchi sous d'autres cieux,
Ils se sont abstenus de tenter cette épreuve.

Donc, Magnus, lentement, comme un spectre anxieux,
D'un bout à l'autre de la salle à voûte épaisse
Marche, les bras au dos, le rêve dans les yeux.

Lames torses, carquois, engins de toute espèce,
Trompes, bois de cerfs, peaux d'aurochs, de loups et d'ours,
Pendent aux murs moisis et que le temps dépèce.

Pleines d'éclats soudains et de craquements sourds,
Au fond de l'âtre creux flamboyent quatre souches
Sur leurs doubles landiers de fer massifs et lourds.

La fumée et la flamme, en tourbillons farouches,
Montent et font jaillir des chemises d'acier,
Dans l'ombre, çà et là, des gerbes d'éclairs louches.

Aux pieds d'une escabelle à brancards et dossier
Gît un grand lévrier d'Égypte ou de Syrie
Que l'âge et que la faim semblent émacier.

Devant l'âtre embrasé qui ronfle, siffle et crie,
Il feint de sommeiller, immobile, allongé
Sur le ventre, étirant son échine amaigrie.

L'arc vertébral tendu, nœuds par nœuds étagé,
Il a posé sa tête aiguë entre ses pattes,
Tel qu'un magicien l'eût en pierre changé.

L'ardeur du vaste feu brûle les dalles plates,
Mais il n'en ressent rien, et, quoiqu'il soit tout noir,
Il se revêt parfois de lueurs écarlates.

Au dehors, une nuit funèbre. On entend choir
La pierre des merlons, et tressauter la herse,
Et la tuile des toits dévaler et pleuvoir.

Par masses, et tantôt par furieuse averse,
Sans relâche et sans fin, lugubre effondrement,
La neige croule, pleut, tournoie et se disperse.

D'un suaire rigide elle étreint rudement
Le sol, les rocs, les bois, et le fleuve qui râle
Sous les glaçons qu'il rompt de moment en moment.

Et le vent fait courir sa plainte sépulcrale
Des caveaux du donjon à son faîte ébranlé,
Embouchant l'escalier qui se tord en spirale.

D'un rauque hurlement de cris aigus mêlé
Il emplit la crevasse ouverte à la muraille,
Et fouette le battant sur le gond descellé.

Il secoue aux piliers les grappes de ferraille,
Ou, parfois, accroupi dans les angles profonds,
Il pousse un rire amer comme un démon qui raille.

Le duc Magnus n'entend ni les cris ni les bonds
Du vent qui s'évertue à travers les décombres
Et culbute en courant les hiboux aux yeux ronds.

Le rude seigneur songe à des choses plus sombres;
Ses vieilles actions le hantent chaque nuit
De plus vivants sanglots et de plus mornes ombres.

Tandis qu'il va le long du mur rugueux qui luit,
Assailli par le flux de son passé tenace,
L'œil mi-clos du Chien noir l'espionne et le suit.

Dès qu'il tourne le dos, cet œil plein de menace
Avec avidité darde un éclair haineux
Qui s'éteint brusquement quand le maître repasse.

Puis, le Chien souffle et fait vibrer ses reins noueux,
Et les trois Sarrasins, roides, comme en extase,
Sont là debout. Qui sait si la vie est en eux?

Un immuable rire aux dents, la tête rase,
Ils rêvent, flagellés par les rouges reflets
De l'âtre crépitant où la souche s'embrase.

Sur la grêle cheville et les bras violets
Qui pendent aux deux bords de leur veste grossière,
Étincelle l'argent de triples bracelets.

Ils gardent, fixement ouverte, la paupière
Où luisent deux trous blancs sous le front ténébreux.
On dirait un seul homme en trois spectres de pierre.

Tels, maître, esclaves, chien, par le fracas affreux
De la tempête qui se déchaîne et qui pleure,
Veillent, cette nuit-là, sans se parler entre eux.

Qu'attendent-ils au fond de l'antique demeure?
Serait-ce point quelque jugement sans merci
Qui se doit accomplir quand arrivera l'heure?

A quoi songe le vieux duc Magnus? A ceci:

II

Un chevalier Croisé, vers l'orient de Tarse,
Pousse un cheval plaqué de bardes de métal,
Qui souffle en s'éventant avec sa queue éparse.

Sans guide ou compagnon, loin du pays natal,
L'aventurier, tenace et résolu dans l'âme,
S'en va par le désert à tous les siens fatal.

Le ciel en fusion verse sa morne flamme
Sur les longs sables roux qu'il inonde et qu'il mord,
Mer stérile, sans fin, sans murmure et sans lame.

L'immobile soleil emplit l'espace mort,
Et fait se dilater, telle qu'une buée,
L'impalpable poussière où l'horizon s'endort.

Nulle forme, nul bruit. Toute ombre refluée
S'est enfuie au delà de l'orbe illimité ;
La solitude est vide, et vide la nuée.

Ce Chevalier de la Croix rouge est seul resté
Des guerriers qu'abritait sous sa large bannière
L'Empereur qui dompta le Lombard révolté.

Or, César a donné sa bataille dernière ;
Le grand Germain, faucheur des générations,
Un soir, a disparu dans l'antique rivière.

Sa gloire, sa puissance et ses ambitions
Gisent lugubrement sous cette eau glaciale
Qui recèle à jamais le Roi des nations.

On n'a point retrouvé sa chair impériale ;
Et ses margraves, loin du sinistre Orient,
Pleins de hâte, ont mené leur fuite déloyale.

Quelques-uns, d'un rang moindre et d'un cœur plus croyan
Devant Ptolémaïs, qu'ils nomment Saint-Jean d'Acre,
Ont joint Plantagenet, l'Angevin effrayant.

Le Roi fauve a pris Chypre au vol de sa polacre,
Et, frayant son chemin vers les Murs bienheureux,
Traque, là-bas, les Turks qu'il assiège et massacre.

Pour Magnus, dédaignant le retour désastreux
Ou le Saint-Temple, il va conquérir, par le monde,
Quelque royaume, ainsi qu'ont fait les anciens preux.

Il pousse aveuglément sa course vagabonde,
Sans vergogne, sans peur de plus rudes combats.
Si Dieu ne l'aide point, que Satan le seconde !

Qu'il jouisse de tout ce qu'on rêve ici-bas,
Richesse en plein soleil et volupté dans l'ombre,
Et que Mahom l'accueille en ses joyeux sabbats !

Il est brave, il est jeune et fort. Qui sait le nombre
De ses jours triomphants ? Son désir satisfait,
Il se repentira quand viendra l'âge sombre.

N'est-il plus clerc rapace ou vil moine, en effet,
Qui, pour quelques sous d'or, ne puisse, sans scandale,
Absoudre du péché non moins que du forfait ?

Il vouera, s'il le faut, sa terre féodale
Au Saint-Siège, et le noir donjon vermiculé
Où les os des aïeux blanchissent sous la dalle.

Une châsse d'argent massif et constellé
D'émeraudes, avec dix chandeliers d'or vierge,
Le rendront net et tel qu'un Ange immaculé.

Par Dieu ! maint Empereur, que l'eau bénite asperge,
A fait pis, et mourut en paix, qui, sur l'autel,
Le nimbe aux tempes, siège à lueur du cierge.

Qu'il soit ou non vendu, le Mot sacramentel
Suffit, lie et délie ; et l'unique blasphème
Est de nier qu'un mot lave un péché mortel.

Donc, très tard, dans cent ans, sonne l'heure suprême !
Il aura fait sur terre un premier paradis ;
Puis, il trépassera, le front oint du Saint-Chrême.

D'ailleurs, combien d'élus qui se pensaient maudits ?
En avant ! En avant ! Haut l'épée et la lance !
Foin du Diable ! Après tout, le monde est aux hardis.

Il va. Le bon cheval, encor plein de vaillance,
Sous l'homme qu'un réseau de fer vêt tout entier,
Enfonce au sol mouvant qui flamboie en silence.

Pas à pas, et sans halte, il creuse son sentier
Et hume, en secouant le chanfrein et la bride,
La fontaine qui filtre à l'ombre du dattier.

En un pli du désert qu'aucun souffle ne ride,
Elle attire de loin les bêtes dont le flair
Sent germer sa fraîcheur dans la plaine torride.

Sous l'implacable ciel qui brûle, où manque l'air,
Cavalier défaillant, pèlerin qui halète
Se reprennent à vivre en buvant ce flot clair.

Aussi, sans que l'aiguë et massive molette
Le morde aux flancs, le bon cheval hennit vers l'eau
Où le dattier rugueux se penche et se reflète.

L'ardeur de son désir lui gonfle le naseau
Et fait neiger, au bord de la barde imbriquée,
Les flocons de sueur qui moussent sur sa peau.

Voici la roche fauve au désert embusquée,
Et l'eau vive. Tous deux s'abreuvent à longs traits.
Magnus se couche et dort, la tête décasquée.

Sous l'ombre que midi crible en vain de ses raîs,
L'étalon dessanglé, dont le ventre bat d'aise,
Libre du lourd chanfrein, broute le gazon frais.

Ils reposent ainsi, sauvés de la fournaise.
Le temps passe. Dans la pourpre de l'Occident
Le soleil plonge enfin, tel qu'une immense braise.

Et, brusquement, la nuit succède au jour ardent.
Le désert allégé soupire. Est-ce l'hyène
Et le chacal qui font, là-bas, ce bruit grondant?

Quel est ce tourbillon spectral qui se déchaîne?
Certes, ce ne sont pas chameaux et chameliers
Pérégrinant, selon la coutume ancienne.

Non! c'est un sombre vol de cinq cents cavaliers,
Pirates du désert, vivant Sémoûn qui rôde,
Jour et nuit, à travers les sables familiers.

L'œil et l'oreille au guet, ils s'en vont en maraude;
L'yatagan sans gaîne au flanc et lance en main,
Ils viennent, soulevant la poussière encor chaude.

Sinistres, haillonneux, et n'ayant rien d'humain,
Tout leur est bon, chrétiens, croyants, hommes et bêtes,
Forteresse ou couvent qui barre leur chemin.

Puis, des rocs, leur repaire, ils regagnent les crêtes,
Outre le lourd butin emportant au pommeau
De la selle saignante un chapelet de têtes.

C'est une écume de toute race, un troupeau
Carnassier de soudards chrétiens, de Juifs, de Druses,
Et d'Arabes qui n'ont que les os et la peau.

L'un descend du Taurus ou des gorges abstruses
De l'Horeb, celui-ci du Liban, celui-là
Des coteaux du vieux Rhin, cet autre des Abruzzes.

La soif de l'or et du meurtre les assembla.
Transfuges, renégats, bandits, lèpre vivante,
Ils approchent par bonds rapides, les voilà!

Le noble destrier, qui de loin les évente,
Élargit ses naseaux, gonfle son col dressé,
S'irrite de l'odeur et hennit d'épouvante.

Magnus, sans s'abriter du heaume délacé,
Saisit sa masse, crie et frappe, assomme et tue,
Et, saignant de la nuque aux pieds, gît terrassé.

C'est en vain qu'à lutter encore il s'évertue:
Sa tête tourbillonne, et l'ombre emplit ses yeux;
La rumeur des chevaux et des hommes s'est tue.

Est-ce la mort qui vient? Satan, sombre et joyeux,
Va-t-il rompre à jamais tant de force charnelle,
Tant de désirs sans frein d'un cœur ambitieux?

Est-ce lui qui déjà l'emporte sur son aile,
Qui l'étreint de sa griffe, et souffle par instants
Dans ses os l'avant-goût de la flamme éternelle?

Rien! plus rien! Un soupir des poumons haletants,
Un vertige, un espace immense, une nuit noire.
Magnus oublie, il part, et s'en va hors du temps.

Ainsi, comme du haut d'un âpre promontoire
On voit l'horizon vaste au loin se déployer,
Le vieux Duc songe aux jours lointains de son histoire.

Il marche, le front bas, aux lueurs du foyer,
Tel qu'un morne lion qui tourne dans sa cage,
Heurtant les durs barreaux qu'il ne saurait broyer.

Le vent hurle toujours au dehors et fait rage.
Les Muets sont toujours debout. Sur le pavé
De l'âtre, le Chien noir cligne son œil sauvage.

Magnus se souvient-il, ou bien a-t-il rêvé
Qu'en ses veines la mort mit un frisson de glace?
Il ne sait. Il poursuit le songe inachevé.

Quel éblouissement inattendu l'enlace?
Une tente aux longs plis de soie, aux cordes d'or;
De somptueux coussins posés de place en place.

Des cassolettes où l'ambre qui fume encor
Unit son tiède arome aux frais parfums des roses,
Filles des chauds soleils de Perse et de Lahor.

En leurs gaines d'argent tordant leurs lames closes,
Des sabres, des poignards aux courts pommeaux polis,
Constellés de saphirs et de diamants roses.

De grands bahuts ouverts et jusqu'au bord emplis
D'un étincellement de pièces métalliques,
Besans, schiquels, sequins, aigles à fleurs de lys.

D'éclatants ostensoirs, des coffrets à reliques,
Des chandeliers d'autel, des mitres et des croix,
Et des chapes de prêtre et des éphods bibliques.

Or, lui-même, vêtu tel que les anciens rois
D'Orient, est assis, couvert de pierreries,
Sous cette vaste tente aux splendides parois.

Il a conquis son rêve, et sur les deux Syries
La terreur de son nom plane sinistrement,
Comme un oiseau de proie autour des bergeries.

Il a tout renié, l'honneur et le serment
Du chevalier, le nom et la foi des ancêtres;
Il règne par l'embûche et par l'égorgement.

Les bandits qui l'ont pris, voleurs, apostats, traîtres,
L'ont fait roi du pillage et dieu des Assassins,
Ayant Luxure, Orgueil et Cruauté pour prêtres.

Mieux que Cheiks de tribus et Soudans sarrasins,
Il a de grands harems pleins de femmes fort belles
Que surveille un troupeau d'eunuques Abyssins.

Arabes du Hedjaz aux longs yeux de gazelles,
Juives aux cheveux noirs, Persanes aux seins bruns,
Et négresses d'Égypte aux ardentes prunelles.

Les Chefs Croisés sont tous, ou partis, ou défunts;
Le grand Salah-Ed-din est couché, roide et grave,
Dans sa tombe royale, au milieu des parfums.

Donc, Magnus n'a plus rien qu'il craigne, ou qu'il ne brave;
Ce qu'il condamne meurt, ce qu'il veut est à lui:
L'éruption de ses désirs n'a plus d'entrave.

L'œil du Diable évoqué dans l'ombre n'a pas lui;
Il n'a point fait de pacte et dévoué son âme
Pour l'empire et pour l'or qu'il possède aujourd'hui.

Quand la lointaine mort viendra trancher la trame
Des instants orgueilleux de sa félicité,
Il ne redoute pas que Satan le réclame.

N'a-t-il pas, en lieu sûr, pour le cas précité,
Son lourd butin, la part du lion, qu'il amasse
Pour être la rançon de son éternité?

Aussi bien, le Malin, qui ricane et grimace,
N'émousse, certes, ni n'allège, jusqu'ici,
Le fil de son épée ou le poids de sa masse.

Jésus, s'il règne aux cieux, ne prend guère en merci
Ses ouailles qu'il livre à qui les tond et mange;
Donc, pourquoi, lui, Magnus, en prendrait-il souci?

Qu'on les garde un peu mieux, ou qu'en somme on les v
Ainsi, de jour en jour, au cœur de l'Apostat
L'oubli des vains remords amoncelle sa fange.

Or, le Diable l'entraîne au suprême attentat.

III

C'est un ancien moutier de Nonnes, qu'en l'Année
Mil et cent, le royal Godefroy dédia
A la Mère de Dieu, d'étoiles couronnée.

Sur cet âpre coteau du Carmel, où pria,
Jadis, Élie, au temps des terribles merveilles,
Le char miraculeux du Voyant flamboya.

Le moutier dresse là ses murailles pareilles
A de blanches parois de tombe, d'où le chœur
Des vierges chante et monte aux divines Oreilles.

Salah-Ed-din, le grand Soudan au noble cœur,
Respecta ce retrait des humbles infidèles,
Et, vivant, l'abrita de son sabre vainqueur.

Mais il est mort, et nul ne s'inquiète d'elles,
Hors la Mère céleste et les Esprits de Dieu
Qui, sans doute, d'en haut, les couvrent de leurs ailes.

Amen! Car un démon rôde autour du saint lieu,
N'ayant aucun souci de la Vierge ou des Anges,
Il aiguise son fer, il attise son feu.

Donc, cent Nonnes, chantant les pieuses louanges,
Vivent là, sous la règle austère du Carmel,
Aussi pures que les nouveau-nés dans leurs langes.

Loin de l'orage humain, loin du monde charnel,
Coulant leurs chastes jours dont le terme est si proche,
Elles ont l'avant-goût du repos éternel.

Plus jeune que ses sœurs, comme elles sans reproche
L'Abbesse Alix commande au Saint-Carmel, étant
Du sang de Bohémond, le prince d'Antioche.

Hier, elle a délaissé, pour le Ciel qui l'attend,
Palais, richesse, orgueil de sa haute lignée,
Et, très belle, l'amour, mensonge d'un instant.

L'aube du Jour sans fin dont son âme est baignée
Nimbe son front tranquille, et ses pieds radieux
Semblent avoir quitté notre ombre dédaignée.

Mais le courage et la fierté de ses aïeux
Couvent au fond du cœur de la Recluse austère;
Ils luisent par instants dans la paix de ses yeux.

Ainsi, bien au-dessus des vains bruits de la terre,
Dans l'adoration, la prière et l'espoir,
S'élève sur le roc le moutier solitaire.

Or, en ce temps, voici que, par un ciel fort noir
Qui verse le silence à la maison sacrée,
L'Abbesse Alix préside à l'office du soir.

Un vieux moine, front ras et face macérée,
Se prosterne à l'autel et baise les pieds blancs
De la très sainte Vierge auguste et vénérée.

Lampes, cierges, flambeaux, jettent leurs feux tremblants
Sur les murs où, d'après les mœurs orientales,
Les Martyrs, sur fond d'or, s'alignent tout sanglants.

Pour l'Abbesse et ses sœurs, assises dans leurs stalles,
Elles déroulent un murmure lent et doux
Que le signe de Croix coupe par intervalles.

Puis, toutes, à la fois, se courbent à genoux
Sur le pavé luisant que les lueurs bénies,
Du Sanctuaire au seuil, rayent de reflets roux.

Elles chantent en chœur les saintes litanies
A la Dame du ciel debout sur le croissant
De la lune, au plus haut des voûtes infinies.

Brusquement, dans la nuit calme, un cri rugissant
Éclate, et se prolonge autour du moutier sombre,
Et l'écho du Carmel le roule en l'accroissant.

Les bandits du désert, qui pullulent dans l'ombre,
Escaladent les murs, rompent les lourds barreaux,
Bondissent dans la crypte, et leur foule l'encombre.

Le vieux moine égorgé saigne sur les carreaux.
L'un saisit l'ostensoir, l'autre le Christ d'ivoire
Et la nappe, et ceux-ci descellent les flambeaux.

Cet autre boit le vin consacré du ciboire,
Et cent autres, avec des cris luxurieux,
Emportent leur butin vivant dans la nuit noire.

Puis, en longs tourbillons qui rougissent les cieux,
Des quatres coins du saint moutier, d'horribles flammes
Grondent, l'enveloppant d'un linceul furieux.

Pour les Nonnes, en proie aux outrages infâmes,
Les unes, se lavant des souillures du corps,
Ont dans ce feu sauveur purifié leurs âmes.

D'autres, tordant leurs cous avec de vains efforts,
Entre les bras de fer qui les ont enchaînées,
S'en vont pour un destin pire que mille morts.

Elles vivront, traînant de sinistres années,
Oublieuses du Ciel à tout jamais perdu,
Et dans l'ardente nuit s'engloutiront damnées.

Alix! Alix! à qui cet honneur était dû
De monter vers ton Dieu par la voie éclatante
Du martyre, hélas! Dieu n'a-t-il rien entendu?

Tes cris d'horreur, ni ta prière haletante?
Non! Les cieux étaient sourds, ô vierge, à ton appel,
Et la mort glorieuse a trompé ton attente.

Te voilà désormais indigne de l'autel,
Innocente et pourtant maculée, ô victime,
Fille des Preux, gardiens du Sépulcre immortel !

Mais ton cœur s'est gonflé de leur sang magnanime ;
Tu te dresses, Alix, dans l'antre où le bandit,
Où le sombre Apostat a consommé son crime.

Il te contemple, admire et se tait, interdit
Devant l'ardent éclair qui sort de ta prunelle ;
Ton geste le soufflette et ta bouche lui dit :

— O malheureux, promis à la flamme éternelle,
Qu'as-tu fait ! J'étais vierge, et sans tache, et l'Amour
Divin, avant la mort, m'emportait sur son aile.

Et voici que le Ciel m'est ravi sans retour !
La honte imméritée a vaincu la foi vaine :
Le jour de ton forfait sera mon dernier jour.

Sois voué, misérable, à l'angoisse, à la haine,
A la luxure, à la soif de l'or et du sang,
A la peur, avant-goût de l'ardente Géhenne !

Va ! traîne de longs jours encor. Vis, amassant
Crime sur crime, en proie aux soudaines alarmes
Des nuits, épouvanté, furieux, impuissant !

Souviens-toi que la plus amère de mes larmes
Comme un funèbre anneau s'est rivée à ton doigt.
Rien ne le brisera, ta force ni tes armes.

Mais, à l'heure où chacun doit payer ce qu'il doit,
Tu sentiras couler l'Opale vengeresse,
Et mon spectre à Satan t'emportera tout droit.

Moi, j'ai vécu. La mort devant mes yeux se dresse.
Que tout mon sang te marque à la face, assassin !
Et que Dieu, s'il se peut, pardonne à ma détresse ! —

Alix, alors, avant qu'il rompe son dessein,
Saisissant une dague aux parois arrachée,
Se l'enfonce d'un coup rapide dans le sein.

Telle, tu la revois, immobile et couchée
Sur la peau de lion de ta tente, ô Vieillard !
Ce sang, ce sang ! ton âme en est toujours tachée.

C'est en vain que le temps, de son épais brouillard,
Voile de tes forfaits l'infamie et le nombre :
Alix, sanglante et morte, habite ton regard !

Et, par surcroît, dès l'heure inexpiable et sombre
Où, se frappant soi-même, elle a perdu le Ciel,
Quatre autres visions accompagnent ton ombre.

Nuit et jour, accroupi, silencieux, et tel
Que le voilà, le noir Lévrier te regarde.
Rien ne t'a délivré de ce Chien immortel !

Que de fois, ton poignard, plongé jusqu'à la garde,
Vainement a troué cette insensible chair,
Vapeur mystérieuse et commise à ta garde !

Cet œil féroce où flambe un reflet de l'Enfer,
Où que tu sois, que tu veilles ou que tu dormes,
Te traverse le cœur d'un immuable éclair.

Et trois Ombres encor, trois Sarrasins difformes,
Debout, devant ta face, avec le rire aux dents,
Te dardent fixement leurs prunelles énormes !

Ce Lévrier, ces trois spectres, ces yeux ardents,
Hors toi, nul ne les voit, nul ne sait le supplice
Qui te laisse impassible et te ronge au dedans.

Çà et là, pour leurrer le Diable et sa malice,
Tu vas et viens, pillant, tuant ; sur ton chemin
Toujours la Vision implacable se glisse.

Tu ne peux arracher ni l'anneau de ta main
Ni la sourde terreur de ton âme, et tu rêves :
Que va-t-il m'arriver cette nuit, ou demain ?

Et, semblables aux flots qui vont battant les grèves,
Du temps inépuisable écumes d'un moment,
S'accumulent sur toi, Magnus, les heures brèves.

Ta puissance, ton or, l'horrible enivrement
De tes forfaits, n'ont pu combler ton cœur, abîme
De songes effrénés, ta joie et ton tourment.

Comme un homme debout sur quelque haute cime,
Et qui chancelle au bord de gouffres entr'ouverts,
Le vertige t'étreint, et son horreur t'opprime.

Enfin, las, assouvi des torrides déserts,
Un suprême désir s'éveille dans ton âme
De voir couler le Rhin entre ses coteaux verts.

L'ancien pays longtemps oublié te réclame ;
Tu voudrais enfouir au donjon des aïeux
Les trésors amassés durant ta vie infâme.

Tous les hommes étant, quoique fort envieux,
Lâches et vils devant quiconque a la richesse,
Ton or taché de sang éblouira leurs yeux !

Mais comment échapper à ta horde ? Sans cesse
Tu songes à cela, sombre et vieux prisonnier
De la bande de loups que tu mènes en laisse.

Ces Dieux-là, tu ne peux du moins les renier ;
Une chaîne infernale à ton destin les lie.
Oh ! les exterminer d'un coup, jusqu'au dernier !

Fuir cette terre horrible et de terreurs emplie,
Et, feignant le retour pieux au sol natal,
Jouir de tant de biens dont la source s'oublie !

Or, une nuit, tandis que le spectre fatal,
Le Chien muet, hantait ta paupière fermée,
Tu t'éveilles bien loin du monde oriental.

Qu'est-ce donc ? Ce n'est plus la tente accoutumée.
Dors-tu, Magnus ? Es-tu couché dans ton linceul ?
Quels sont ces murs massifs et hauts, noirs de fumée ?

Vois ! c'est la salle antique où mourut ton aïeul !
Écoute ! c'est le vent dans la tour écroulée
Où le hibou hulule, et qu'il habite seul.

C'est le Rhin qui murmure et fuit dans la vallée,
Sous le roc d'où, jadis, vers la tombe d'un Dieu,
Comme l'aigle au matin, tu pris ton envolée.

Par où, comment, Vieillard, revins-tu dans ce lieu ?
Tu ne sais, si ce n'est que ta chair est vivante.
Tes démons familiers ont accompli ton vœu !

Ici, tels qu'autrefois sur la face mouvante
Du désert, ils sont là, tous quatre, le Chien noir
Et les trois Sarrasins, ta secrète épouvante.

Oh ! s'arracher les yeux pour ne plus les revoir !
S'engloutir dans la nuit solitaire et profonde,
Dans l'oubli de la vie et de son désespoir !

Pareil à Laquedem qui marche et vagabonde,
Sans but et sans repos, et toujours haletant,
Faut-il attendre autant que durera le monde ?

Où sont-ils, pour bénir l'irrémissible instant,
Tous ces moines, ces vils mâcheurs de patenôtres,
Gorgés par tes aïeux de tant de biens pourtant ?

Te voyant misérable et seul, les bons apôtres
Ne donnent rien pour rien, et savent, tour à tour,
Damner les uns pour mieux vendre le Ciel aux autres.

Puisse Satan griller ces ladres dans son four
Septante fois chauffé de soufre et de bitume,
Dusses-tu, s'il le faut, les y rejoindre un jour!

Plein d'anciens souvenirs, de haine et d'amertume,
Ainsi, le duc Magnus, devant l'âtre enflammé,
Songe, allant et venant, comme il en a coutume,

Dans son rêve sinistre, à jamais enfermé.

IV

Au travers de la nuit qu'un reflet blême éclaire,
La tempête, qui pousse un hurlement plus fort,
Semble déraciner le donjon séculaire.

Un fracas à troubler dans le sépulcre un mort!
Le duc Magnus s'assied sur l'escabelle, à l'angle
Du foyer, clôt les yeux, et rêve qu'il s'endort.

Quel sommeil! Plus heureux sur son grabat de sangle,
Le misérable serf, harassé, maigre et nu,
Meurtri par le collier de cuivre qui l'étrangle!

Lui, du moins, peut rêver qu'en un monde inconnu,
En un Ciel ignorant l'opprobre et l'esclavage,
Un jour, il montera, libre et le bienvenu!

Et plus heureux aussi le mendiant sauvage
Qui dort, repu parfois, et sans penser à rien,
Sous quelque porche, ou sur le fumier du village !

Des fantômes hideux, d'un vol aérien,
Enveloppent Magnus, comme les sauterelles
Que l'été multiplie au désert Syrien.

Ces apparitions, formes surnaturelles,
Moines, turks, prêtres, juifs, femmes de tout pays,
Les bras roidis vers lui, se le montrent entre elles.

Tous ceux qu'il a connus, reniés et trahis,
Dépouillés, égorgés, les voici ! C'est la foule
De ses mauvais désirs soixante ans obéis.

Leur tourbillon s'accroît, se presse, se déroule,
Et chacun d'eux l'asperge, avec un souffle chaud,
Du sang infect et noir qui de leurs lèvres coule.

Leurs cris, parmi le vent furieux, et plus haut,
L'assourdissent, pareils aux clameurs enragées
De soudards écumants qui montent à l'assaut.

Il voit le flamboiement des villes saccagées,
Et se tordre, pendant l'inoubliable nuit,
Les Nonnes du Carmel lâchement outragées.

Puis, cela se confond, passe, et s'évanouit ;
Mais, cette vision à peine dissipée,
Quelque chose de plus effroyable la suit.

Devant sa face froide et de sueur trempée,
Le Chien mystérieux, se redressant soudain,
Lui darde au cœur des yeux aigus comme une épée.

La Bête se transforme en un visage humain,
En un corps revêtu d'une robe de bure,
Blanche et noire, selon le rituel romain.

Et Magnus reconnaît cette pâle figure ;
Il entend cette voix qui, jadis, supplia,
Par la Vierge et les Saints, son âme altière et dure.

C'est Elle ! c'est l'Abbesse Alix ! Ciel ! Il y a
Bien des jours, bien des ans, un siècle, qu'elle est morte.
Que veut-elle à celui qui jamais n'oublia ?

Pourquoi le fer sanglant, la dague qu'elle porte
Au cœur ? et ce stigmate à son front triste et beau ?
Or, le spectre d'Alix lui parle de la sorte :

— Magnus ! ma chair mortelle et tombée en lambeau,
Cette chair que ton crime a faite ta complice,
Ne gît plus insensible au fond de son tombeau.

Afin que le Décret éternel s'accomplisse,
Afin que, pure encore, elle en puisse sortir,
Elle se purifie au feu d'un long supplice.

Et mon âme, qui souffre avec mon corps martyr,
A reçu mission d'éveiller dans la tienne
L'incessante terreur qui mène au repentir.

Car tes crimes n'ont point tué ta foi chrétienne,
Et, pour braver le Dieu terrible que tu crois,
Tu n'as que ton orgueil têtu qui te soutienne.

O malheureux ! l'Enfer entr'ouvre ses parois !
Donne à Jésus trahi ta minute suprême,
Pousse un cri de détresse au Rédempteur en croix !

Sinon, meurs, renégat, qui te mens à toi-même,
Que ma pitié veilla tant de nuits et de jours,
Mettant une épouvante après chaque blasphème !

Mais, avant de tomber au Gouffre, et pour toujours,
Vois ces noirs Sarrasins, ces compagnons funèbres,
Debout contre ton mur, roides, muets et sourds.

Ce sont les trois Démons qui hantent tes ténèbres. —
Et Magnus obéit, et les regarde, et sent
Comme un frisson d'horreur le long de ses vertèbres.

Un d'eux rampe vers lui, sordide et grimaçant,
L'œil chassieux, ayant dix griffes qu'il hérisse,
Et se rongeant la chair des bras en gémissant :

— Reconnais-moi, Magnus ! Je suis ton Avarice !
Si l'eau de l'océan était de l'or fondu,
Je boirais l'océan jusqu'à ce qu'il tarisse !

Viens ! nous boirons cet or bouillant qui nous est dû !—
L'autre Démon, armé d'un fer visqueux qui fume,
Y lèche un sang humain fraîchement répandu :

—Ma haine est sans merci pour tous, ma rage écume,
Et mon cœur monstrueux fait sa félicité
Des membres que je tranche ou que le feu consume.

J'aime l'horrible cri mille fois répété
Du païen torturé, du Juif qu'on écartelle.
Reconnais-moi, Magnus, je suis ta Cruauté ! —

Le troisième Démon, spectre d'une horreur telle
Que Gomorrhe en a seule entrevu d'approchant,
Se révèle dans son infamie immortelle.

Larve, chacal, crapaud, vil, immonde et méchant,
Suant l'obscénité sans honte et sans mesure,
Il se dresse, se tord, et bave en se couchant.

Chacun de ses regards est une flétrissure,
Son aspect souillerait la splendeur du ciel bleu :
— Reconnais-moi, Magnus ! Vois ! je suis ta Luxure ! —

Le vieux Duc gronde et dit : — Par Satan, ou par Dieu !
La vision de ces trois monstres est fort laide ;
Mais suis-je donc un pleutre à trembler pour si peu ?

Est-ce à moi de blêmir et de crier à l'aide
Quand un spectre de nonne une nuit m'apparaît ?
Le réveil va chasser le songe qui m'obsède. —

— Magnus ! Magnus ! le feu dévorateur est prêt :
L'Opale coule autour de ton doigt qu'elle enflamme.
Oh ! Repens-toi ! Préviens l'irrévocable Arrêt. —

—Non ! dit Magnus. Pourquoi Dieu m'a-t-il forgé l'âme
De façon qu'elle rompe et ne puisse ployer ?
Puisqu'il l'a faite ainsi, qu'il en porte le blâme ! —

Il dit cela ! La gueule immense du foyer
S'embrase, plus béante, et, plus rouge, flamboie ;
Et les souches de chêne y semblent tournoyer.

Une Griffe en jaillit, avide de sa proie,
Saisit l'homme à la gorge irrésistiblement,
Et rentre, au rire affreux de l'infernale Joie.

Le roc tremble. La foudre, en un rugissement,
Eclate. Le donjon, comme une nef qui sombre,
Tressaille, se lézarde, et croule tout fumant.

Et c'est pourquoi, depuis, après des ans sans nombre,
Quand souffle, aux nuits d'hiver, l'ouragan furieux,
On voit, sur le rocher où gît l'ancien décombre,

Errer un grand Chien noir qui hurle aux mornes cieux.

Le frais matin dorait

Le frais matin dorait de sa clarté première
La cime des bambous et des gérofliers.
Oh ! les mille chansons des oiseaux familiers
Palpitant dans l'air rose et buvant la lumière !

Comme lui tu brillais, ô ma douce lumière,
Et tu chantais comme eux vers les cieux familiers !
A l'ombre des letchis et des gérofliers,
C'était toi que mon cœur contemplait la première.

Telle, au Jardin céleste, à l'aurore première,
La jeune Ève, sous les divins gérofliers,
Toute pareille encore aux anges familiers,
De ses yeux innocents répandait la lumière.

Harmonie et parfum, charme, grâce, lumière,
Toi, vers qui s'envolaient mes songes familiers,
Rayon d'or effleurant les hauts gérofliers,
O lys, qui m'as versé mon ivresse première !

La Vierge aux pâles mains t'a prise la première,
Chère âme ! Et j'ai vécu loin des gérofliers,
Loin des sentiers charmants à tes pas familiers,
Et loin du ciel natal où fleurit ta lumière.

Des siècles ont passé, dans l'ombre ou la lumière,
Et je revois toujours mes astres familiers,
Les beaux yeux qu'autrefois, sous nos gérofliers,
Le frais matin dorait de sa clarté première !

Le calumet du Sachem

Les cèdres et les pins, les hêtres, les érables,
Dans leur antique orgueil des siècles respecté,
Haussent de toutes parts avec rigidité
La noble ascension de leurs troncs vénérables
Jusqu'aux dômes feuillus chauds des feux de l'été.

Sous l'enchevêtrement de leurs vastes ramures
La terre fait silence aux pieds de ses vieux rois,
Seuls, au fond des lointains mystérieux, parfois,
Naissent, croissent, s'en vont, renaissent les murmures
Que soupire sans fin l'âme immense des bois.

Transperçant çà et là les hautes nefs massives,
Dans l'air empli d'arome immobile et de paix,
L'invisible soleil darde l'or de ses rais,
Qui sillonnent d'un vol grêle de flèches vives
La sombre majesté des feuillages épais.

Les grands Élans, couchés parmi les cyprières,
Sur leurs dos musculeux renversent leurs cols lourds;
Les panthères, les loups, les couguars et les ours
Se sont tapis, repus des chasses meurtrières,
Au creux des arbres morts ou dans les antres sourds.

Écureuils, perroquets, ramiers à gorge bleue
Dorment. Les singes noirs, du haut des sassafras,
Sans remuer leur tête et leurs reins au poil ras,
A la branche qui ploie appendus par la queue,
Laissent inertement aller leurs maigres bras.

Les crotales, lovés sous quelque roche chaude,
Attendent une proie errante, et, par moment,
De l'ombre où leurs fronts plats s'allongent lentement,
Le feu subtil de leurs prunelles d'émeraude
Luit, livide, et jaillit dans un pétillement.

Assis contre le tronc géant d'un sycomore,
Le cou roide, les yeux clos comme s'il dormait,
Une plume d'ara, jaune et pourpre, au sommet
Du crâne, le Sachem, le dernier Sagamore
Des Florides, est là, fumant son calumet.

Ses guerriers dispersés errent dans les prairies,
Par delà le grand Fleuve où boivent les bisons,
Loin du pays natal aux riches floraisons,
Comme le vent d'hiver fait des feuilles flétries,
L'exil les a chassés vers tous les horizons.

Devant l'homme à peau blême et son lâche tonnerre
Ils vont où le soleil tombe sanglant des cieux ;
Mais le Sachem têtu, seul des siens, et très vieux,
Tel que l'aigle attardé qui retourne à son aire,
Est revenu mourir au berceau des aïeux.

Des confins du couchant et des espaces mornes
Il a su retrouver, avec l'œil et le flair,
Sans halte, par la nuit profonde ou le ciel clair,
Les vestiges épars dans les plaines sans bornes
Et recueillir au vol les effluves de l'air.

Sa hache et son couteau, les armes du vrai brave,
Gisent sur ses genoux. Le Chef a dénoué
Sa ceinture, et, dressant son torse tatoué
D'ocre et de vermillon, il fume d'un air grave
Sans qu'un pli de sa face austère ait remué.

Il sait qu'au lourd silence épandu des ramées
Les sinistres rumeurs des nuits succèderont,
Qu'à l'odeur de sa chair, bossuant leur dos rond,
Vont ramper jusqu'à lui les bêtes affamées ;
Mais le vieux Chef se rit des dents qui le mordront.

L'ardente vision qui hante ses prunelles
Lui dérobe la terre et l'emporte au delà,
Dans les bois où l'esprit des Sachems s'envola
Et dans la volupté des chasses éternelles.
Viennent panthères, loups et couguars, le voilà !

Et l'antique forêt qui rêve, où rien ne bouge,
Semble à jamais inerte, ainsi que maintenant,
Sauf la molle vapeur qui va tourbillonnant
Hors du long calumet de cette Idole rouge
Et monte vers la paix de midi rayonnant.

Le dernier Dieu

Bien au delà des Jours, des Ans multipliés,
Du vertige des Temps dont la fuite est sans trêve,
Voici ce que j'ai vu, dans l'immuable rêve
Qui me hante, depuis les songes oubliés.

J'errais, seul, sur la Terre. Et la Terre était nue.
L'ancien gémissement de ce qui fut vivant,
Le sanglot de la mer et le râle du vent
S'étaient tus à jamais sous l'immobile nue.

Par le Vide sans fin, le globe décharné,
A bout de désespoir, de misère et de force,
Bossuant le granit de sa rugueuse écorce,
S'en allait, oublieux qu'un jour il était né.

Les Iles d'autrefois hérissaient de leurs cimes
Le gouffre monstrueux des océans taris,
Où s'étaient desséchés la fange et les débris
Des siècles engloutis au fond des vieux abîmes.

Funéraire flambeau d'un sépulcre muet,
Le soleil épuisé, pendu dans le ciel blême,
Baignait lugubrement de sa lueur suprême
L'immense solitude où rien ne remuait.

Et j'errais en esprit, Ombre qui rôde et passe,
Sans regrets, sans désirs, au hasard emporté,
Reste de l'éphémère et vaine humanité
Dont un souffle a vanné la cendre dans l'espace.

Et je vis, au plus haut d'un mont, silencieux,
Impassible, plus froid que la neige éternelle,
Un Spectre qui couvait d'une inerte prunelle
L'univers mort couché sous le désert des cieux.

Majestueux et beau, ce spectre, auguste image
Des Rois olympiens, enfants des siècles d'or,
Se dressait, tel qu'au temps où l'Homme heureux encor
Saluait leurs autels d'un libre et fier hommage.

Mais l'Arc, d'où jaillissaient les désirs créateurs,
Gisait parmi les blocs de neige, avec les Ailes
Qui portaient vos baisers, ô blanches Immortelles,
De la bouche des Dieux aux lèvres des pasteurs!

Mais le front n'avait plus ses roses de lumière,
Mais rien ne battait plus dans le sein adoré
Qui versait sur le monde à son matin sacré
Tes flots brûlants et doux, ô Volupté première !

Et le charme et l'horreur, le souvenir amer
Des pleurs sanglants après les heures de délice,
Tous les enivrements du céleste supplice
Me reprirent au cœur d'une étreinte de fer.

Et je connus, glacé sur la terre inféconde,
Que c'était là, rigide, endormi sans retour,
Le dernier, le plus cher des Dieux, l'antique Amour,
Par qui tout vit, sans qui tout meurt, l'Homme et le monde.

Le Secret de la vie

Le secret de la vie est dans les tombes closes ;
Ce qui n'est plus n'est tel que pour avoir été ;
Et le néant final des êtres et des choses
Est l'unique raison de leur réalité.

O vieille Illusion, la première des causes !
Pourquoi nous éveiller de notre éternité,
Si, toi-même n'étant que leurre et vanité,
Le secret de la vie est dans les tombes closes ?

Hommes, bêtes et Dieux et monde illimité,
Tout cela jaillit, meurt de tes métamorphoses.
Dans les siècles, que tu fais naître et décomposes,
Ce qui n'est plus n'est tel que pour avoir été.

A travers tous les temps, splendides ou moroses,
L'esprit, rapide éclair, en leur vol emporté,
Conçoit fatalement sa propre inanité
Et le néant final des êtres et des choses.

Oui ! sans toi, qui n'es rien, rien n'aurait existé :
Amour, crimes, vertus, les poisons ni les roses.
Le rêve évanoui de tes œuvres écloses
Est l'unique raison de leur réalité.

Ne reste pas inerte au seuil des portes closes,
Homme ! Sache mourir afin d'avoir été ;
Et, hors du tourbillon mystérieux des choses,
Cherche au fond de la tombe, en sa réalité,
    Le secret de la vie.

Les Inquiétudes de don Simuel

Don Simuel Lévi, trésorier des Castilles,
Détient, tous comptes faits, dans les coffres royaux,
Trois mille doubles d'or, avec quelques broutilles :
Écus, chaînes, colliers et de rares joyaux.

Rien ne rentre, le coût ni la taxe régale
Sur les métiers et sur les marchands, ni le prix
Des charges. On dirait, par une entente égale,
Que bon vouloirs autant que bourses sont taris.

Or, les Aragonais et le Comte et ses reîtres
Brûlent châteaux et bourgs aux confins castillans ;
Et, pour frais réguliers et pour achat des traîtres,
Trois mille doubles d'or ne sont pas très brillants.

La flotte, inerte, n'a vivres, chiourmes ni rames;
Hidalgos ni soudards ne chaussent l'étrier;
Car cette pénurie excite aux sourdes trames
Le Riche-homme non moins que l'arbalétrier.

Don Simuel Lévi, certe, est des plus honnêtes
Parmi les argentiers circoncis, mais le Roi
Croira mal aisément qu'un Juif ait les mains nettes
Qui laisse le Trésor en un tel désarroi.

Sa méfiance est grande et n'excepte personne;
Apre au gain et prodigue, et de plus fort cruel,
Pour qu'il juge et condamne il suffit qu'il soupçonne.
L'esprit perplexe, ainsi songe Don Simuel.

Que résoudre ? Avouer que la Caisse étant vide
Il faut, sans nul retard, enrayer les apprêts
De guerre? A coup sûr, non ! Il en est tout livide,
Et tremble, se disant : Qu'adviendrait-il après ?

Rançonner les couvents, traire les julveries?
Du rocher de Tharyq au roc Asturien,
Malgré les oremus et les piailleries,
Le Roi l'a déjà fait, et sans y laisser rien.

S'enfuir? Passer au Comte avec joyaux et doubles ?
Les moyens sont chanceux et les chemins ardus;
Et, d'ailleurs, en ces temps de voltes et de troubles,
Les transfuges sont tous échangés ou vendus.

Don Simuel Lévi se ronge l'âme, et sue
De peur. Ses biens saisis, sa maison mise à sac,
Et lui, sous le couteau, voilà ! Donc, point d'issue.
Il n'a plus de recours qu'en toi, Dieu d'Isaac !

Entre temps, échappé des sanglantes tueries,
L'émir Abou-Sayd, à travers la sierra,
Suivi de mulets lourds d'or et de pierreries,
Vaincu, détrôné, fuit Grenade et le Hammra.

Si don Pedro l'accueille, et consent, et s'oblige
A lui rendre ce peu de l'Empire ancien,
Abou-Sayd sera, par un hommage lige,
Le dévoué vassal de Castille et le sien.

Dix mille cavaliers des tribus Almohades
Passeront le détroit à son commandement,
Sobres, braves, rompus aux promptes algarades,
Et serviront le Roi chrétien fidèlement.

De plus, puisque le fer et la flamme font rage
Aux frontières, en foi de sa haute amitié,
Que sa Grâce, des biens arrachés au naufrage
Comme un don de respect reçoive la moitié.

Abou-Sayd en prend à témoin le Prophète.
Se fiant par surcroît au sauf-conduit royal,
Il est venu, devant que la chose soit faite,
Se mettre entre les mains d'un chevalier loyal.

Le Roi dit : — C'est au mieux. Nous agréons tes offres,
Émyr ! Nous te rendrons ton trône sans délais.
J'en jure Dieu ! Donc, toi, tes compagnons, tes coffres,
Entrez. Ma ville est vôtre, et vôtre mon palais. —

Don Simuel Lévi, sachant l'âme du Maître,
Est tout rasséréné de connaître ceci.
Pour le rapace Roi de Castille, promettre
N'est pas tenir. Le Juif, très humble, parle ainsi :

—C'est tout un monceau d'or que Votre Grâce héberge !
Tuez l'homme et prenez le trésor en entier,
Sire !—Le Roi sourit :—Par Saint-Jacque et la Vierge !
Maître Juif, le conseil est d'un bon argentier.

Au fait, tenir parole à de tels païens, qu'est-ce,
Sinon trahir l'Église et les Saints mes patrons ?
Donc, Simuel, s'il est quelque coin dans ma caisse
Qui soit vide, n'en prends souci : nous l'emplirons !—

Au lever du soleil, Séville, haut perchée
Sur les murailles, sur les arbres, sur les toits,
Contemple la grand'lice où font leur chevauchée
De joutes et de jeux les chevaliers courtois.

Contre autant de poteaux plantés de place en place,
Abou-Sayd et ses compagnons, bras et flancs
Liés de chanvre, aux cris vils de la populace,
Immobiles, sont là, nus et déjà sanglants.

Devant eux, et par bonds de sa jument de Perse,
Don Pedro court, ayant, à l'arçon suspendu,
Un faisceau de djerrids aigus dont il les perce,
Joyeux que nul des traits dardés ne soit perdu.

Enfin, clouant l'Émyr d'un dernier coup, il crie :
— Ceci te convient mieux qu'un trône Grenadin,
Chien maudit ! — Roi ! petite est ta chevalerie,
Dit le Maure, tranquille, en crachant de dédain.

C'était écrit. Allah donne à chacun sa tâche :
Tu devais m'égorger pour me voler mon bien.
Je suis content qu'un roi chrétien ne soit qu'un lâche,
Et, comme j'ai vécu, je meurs debout. C'est bien.—

Don Simuel, pendant ceci, suppute et pèse
Sequins et diamants, perles et dinars d'or.
Il fait sa part, il rit, et son trouble s'apaise,
Car cette bonne aubaine a comblé le Trésor.

Le Romance de Don Fadrique

Enchemisé d'acier du col à la cheville,
Et le long manteau blanc de l'Ordre par dessus,
Avec dix chevaliers d'un sang très noble issus,
Don Fadrique s'en vient de Coïmbre à Séville.

Le jeune Maître, né de Doña Léonor,
Sur sa mule à grelots précède l'équipée,
En silence et songeur, laissant pendre l'épée
Contre ses pieds maillés et ses éperons d'or.

Don Pedro l'a mandé par lettre expresse et brève,
Pour qu'il le vienne joindre en hâte au Vieux-Palais,
Vu que la chose est grave et ne veut nuls délais,
Le Maure, en algarade, ayant rompu la trêve.

S'il est vrai, tout est bien. Mais voici, d'autre part,
Que son dogue, très doux et très joyeux naguère,
A mordu les naseaux de son cheval de guerre,
Et hurlé de façon lamentable au départ.

Le présage est mauvais, sans conteste, et mérite
Qu'on y songe. De plus, au gué du fleuve, un soir,
En se courbant sur l'eau sombre, il a laissé choir,
Hors la gaîne, et perdu sa dague favorite.

En sus, le Roi son frère est dangereux aux siens :
Sa merci n'est pas franche et sa haine est tenace ;
Rarement il oublie et jamais ne menace,
D'autant plus rancunier que les torts sont anciens.

Lui, Fadrique, pourtant, n'a-t-il point, pour son comp
Depuis lors, et fidèle au pardon octroyé,
Suivi de l'Ordre entier, bravement guerroyé
Contre le Grenadin, l'Aragon et le Comte ?

Sa conscience est nette, et, Saint Jacques aidant,
Qu'est-ce que le danger ? Rien, pour qui le méprise.
Sans doute Don Pedro le requiert sans traîtrise.
Le Maître songe ainsi, soucieux cependant.

De la plaine au coteau, durant douze journées,
Sous les chênes touffus, par les sentiers pierreux,
Avec ses chevaliers qui devisent entre eux,
Il fait sa route, allant où vont ses destinées.

Au treizième midi, dans l'air chaud de parfums,
Apparaissent les tours, la cathédrale neuve,
Les mâts banderolés hérissant le grand fleuve
Et le vieil Alcazar des Khalyfes défunts.

Sous la poterne basse à voussure de brique,
Un clerc tonsuré sort de l'ombre brusquement,
Saisit la mule au mors d'un geste véhément,
Et dit : —Par tous les Saints, retournez, Don Fadrique !

Sire Maître, pour Dieu ! n'allez pas plus avant !
Mieux vaudrait traquer, nu, le loup dans son repaire.
—Qu'est-ce à dire ? Quittez le mors, quittez, bon Père.
— Si Votre Grâce y va, n'en sortirez vivant !

—Ce serait chose lâche et guet-apens insigne ;
Le Roi mon frère est juste, et non point si mauvais.
Il m'aime, il me convie en sa ville, et j'y vais. —
Cela dit, le chien hurle et le prêtre se signe.

Don Fadrique descend dans la grand'Cour d'honneur.
On verrouille la porte afin que nul n'en sorte ;
Et le chef des massiers vient, et dit de la sorte :
— Notre Sire le Roi vous mande seul, Seigneur.

—Pero Lopez, laissez entrer mes Riches-hommes ;
Ce sont bons chevaliers fidèles et prudents.
—Ils logeront dehors, et vous, Maître, au dedans.
Le mieux est d'obéir au Roi, tant que nous sommes.

Or, Don Pedro s'avance au balcon, et d'en haut
S'écrie : — A la male heure êtes venu vous mettre
Entre mes mains, Bâtard ! Lopez, tuez le Maitre ! —
L'autre lève sa masse et frappe comme il faut.

Fadrique, chancelant, veut dégainer sa lame ;
Mais la masse de fer est brandie à nouveau,
Retombe, rompt la nuque, écrase le cerveau,
Et le sang noir écume et fait ruisseler l'âme.

— Lopez ! Coupez la tête, et laissez le tout là,
Dit Don Pedro. Justice est faite, et félonie
De ce Bâtard, du moins, bien et dûment punie. —
Puis, le Roi va dîner avec la Padilla.

La salle est haute, étroite et fraîche, à demi close
De gaze diaphane et d'un treillis léger ;
Et, de l'aurore au soir, la fleur de l'oranger
Y mêle son arome à celui de la rose.

La terrasse mauresque, aux trèfles ajourés,
Domine les jasmins et les caroubiers sombres
Qui jettent, çà et là, de lumineuses ombres
Où palpitent des vols de papillons pourprés.

Le bon Roi de Castille et la femme qu'il aime
Dînent là, tous deux, gais, amoureux, sans souci.
Un hurlement lugubre éclate. Qu'est ceci ?
Le page qui leur verse à boire en devient blême.

Une tête sanglante aux dents, d'un bond nerveux,
Un chien saute parmi les mets royaux qu'il souille,
En y laissant tomber la hideuse dépouille
Où s'entr-ouvre un œil terne à travers les cheveux.

Doña Maria tremble, et, blanche comme cire,
Se renverse au dossier de son riche escabeau,
Voile de ses deux mains son visage si beau,
Et soupire : — Ah ! l'horreur ! C'est le Démon, cher Sire !

— Vrai Dieu ! Tout, dit le Roi, vient à point de concert.
Foin de Mahom, du Diable et de la Sinagogue !
C'est la tête de Don Fadrique, et c'est son dogue,
Maria, qui vous l'offre, en guise de dessert !

Le Romance de Doña Blanca

Or, étant à Burgos, en sa chambre royale,
Don Pedro fait mander Juan de Hinestrosa :
— Ami Juan Fernandez, dit le Roi, venez çà,
J'ai souci d'un cœur ferme et d'une foi loyale.

Quand mes frères bâtards, m'assaillant à l'envi,
Saccageaient mes châteaux et me vidaient mes coffres,
Quasi seul, entre tous, au mépris de leurs offres,
Vous me fûtes fidèle, et m'avez bien servi.

Donc, je vous sais sans peur, sans feintise ni trame,
Aimant l'homme non moins que le roi, soucieux
De faire ainsi, tant que vivrez, et pour le mieux.
Et c'est pourquoi, Don Juan, je me fie en votre âme.

Voici. Prenez mon seing, bouclez vos éperons,
Et courez au château de Xerez où demeure
Doña Blanca. Je veux qu'en secret elle meure.
Je vous remercierai quand nous nous reverrons. —

Mais le bon chevalier Juan Fernandez ne bouge :
— Sire Roi, mon épée est vôtre, non l'honneur.
Je ne suis meurtrier, ni vil empoisonneur ;
Ma lignée est trop haute et mon sang est trop rouge.

Employez à cela quelque autre, s'il en est
Qui le veuille. D'ailleurs, Sire, prenez ma vie.
— Saint Jacques ! dit le Roi, je n'en ai nulle envie.
La touche est sûre, et l'or vierge s'y reconnait.

Allez ! je suis content de votre prud'homie.
Je riais. Pensez-vous que je sois si méchant
De vous faire tuer cette femme, sachant
Ce que vous êtes ? Non. Surtout n'en parlez mie.

— Sire, j'ai bouche close et vous baise les mains.
— C'est bien. — Hinestrosa gravement le salue,
Et s'en va. Néanmoins, la chose est résolue.
Ceux que hait Don Pedro n'ont point de lendemains.

Il appelle un massier de la garde, qu'on nomme,
Étant Aragonais, Rebolledo Perez :
— Va-t'en tuer la Reine au donjon de Xerez.
Ortiz, le châtelain du lieu, n'est pas mon homme.

Voici l'ordre. Tu prends sa place. Agis, sois prompt.
Tu diras qu'elle était malade, et qu'elle est morte.
Sinon, je te fais mettre en quatre, à chaque porte
De la ville, où corbeaux et chiens te mangeront.

Écoute. D'une part, or, fief, chevalerie
Et ma faveur ; de l'autre, une hache, un billot,
Et la mise en quartiers. Choisis. Quel est ton lot ?
Songe pourtant qu'il faut céler cette tuerie.

Ni lutte, ni cris. Point de vestige sanglant
Qui puisse après la mort apparaître sur elle.
Qu'elle semble finir de façon naturelle,
En proie à quelque mal sans remède et très lent !

As-tu compris ? Réponds. — Ce m'est un jour de fête,
Sire ! J'obéirai, dit le rude massier. —
Certe, à voir ce poil fauve et cet œil carnassier,
Le Roi ne doute pas que ce soit chose faite.

Pendant que le Perez chevauche allègrement
Vers son crime, au grand trot du genêt qu'il active,
De châteaux en donjons depuis dix ans captive,
La jeune Reine pleure et plaint son long tourment.

Ortiz, qui la gardait, noble de race et d'âme,
L'a quittée. Un grand mal lentement la détruit,
Dit-on. Perez, un soir, dans son retrait, sans bruit,
Entre : — Le Roi le veut, il faut mourir, Madame.

— Jésus! Ne puis-je au moins confesser mes péchés?
Faites venir un clerc tonsuré qui m'envoie
Au Paradis, après ma douloureuse voie.
— Confessez-vous à Dieu, Madame, et dépêchez!

— O douce France! ô cher pays où je suis née!
Jamais plus, ô beau ciel, ne te verront mes yeux!
O royale Maison des princes mes aïeux,
Dès mon aube pourquoi t'avoir abandonnée?

Que t'ai-je fait, Castille? et d'où vient mon malheur
Que mes seize ans n'ont pu t'attendrir et te plaire?
Mais, hélas! par un vent de haine et de colère
Ma rapide jeunesse est fauchée en sa fleur!

Pourtant, je n'ai failli d'acte ni de pensée
Envers ce Roi cruel qui me veut tant de mal.
Epouse, et vierge encor, comme au jour baptismal,
O Jésus! je descends dans la terre glacée.

Et vous, Rayons vivants de l'éternel Flambeau,
Anges du Paradis, qui brûlez de saints zèles,
Dans la paix et l'amour emportez sur vos ailes
Mon âme immaculée au sortir du tombeau!

Maintenant, Dieu m'assiste! Achève ma misère,
Ami! Je te pardonne, ainsi que je le dois. —
Alors, le meurtrier féroce, des dix doigts
Prend le col délicat, frêle et doux, et le serre.

Puis, il clôt les yeux bleus voilés de longs cils d'or,
Dispose la figure au pâle lys pareille,
Et, livide, muet, furtif, prêtant l'oreille,
Disparaît dans le noir et profond corridor.

Telle, à Xerez, finit Doña Blanca de France,
Dès le berceau vouée au royal assassin ;
Dieu, qui peut tout, ayant, dans un secret dessein,
Empli son peu de jours d'angoisse et de souffrance.

Mais le Diable, qui sait que son homme est à point,
Pousse déjà, du haut des blanches Pyrénées,
Les Routiers dévalant par bandes forcenées,
Et le Bâtard, la haine au cœur et dague au poing.

La Maya

Maya! Maya! torrent des mobiles chimères,
Tu fais jaillir du cœur de l'homme universel
Les brèves voluptés et les haines amères,
Le monde obscur des sens et la splendeur du ciel ;
Mais qu'est-ce que le cœur des hommes éphémères,
O Maya! sinon toi, le mirage immortel?
Les siècles écoulés, les minutes prochaines,
S'abîment dans ton ombre, en un même moment,
Avec nos cris, nos pleurs et le sang de nos veines!
Éclair, rêve sinistre, éternité qui ment,
La Vie antique est faite inépuisablement
Du tourbillon sans fin des apparences vaines.

LES ÉRINNYES

LES ÉRINNYES

PREMIÈRE PARTIE

Klytaimnestra

Le portique extérieur du vieux palais de Pélos. Architecture massive. Colonnes coniques, trapues et sans base. Au fond, Argos, entre les colonnes. La scène est sombre. Les Érinnyes, grandes, blèmes, décharnées, vêtues de longues robes blanches, les cheveux épars sur la face et sur le dos, vont et viennent. Le jour se lève. Toutes disparaissent.

Les vieillards Argiens, appuyés sur de hautes crosses, entrent par le fond, et se séparent en deux demi-chœurs, à droite et à gauche. — Talthybios et Eurybatès font quelques pas en avant, l'un vers l'autre.

I

TALTHYBIOS, EURYBATÈS,
Le Chœur des Vieillards.

TALTHYBIOS.

O chers vieillards, depuis dix très longues années,
Ils sont partis, les Rois des nefs éperonnées,
Entraînant sur la mer tempétueuse, hélas!
Les hommes chevelus de l'héroïque Hellas,
Qui, tels qu'un vol d'oiseaux carnassiers dans l'aurore,
De cent mille avirons battaient le flot sonore.
Et nul n'est revenu, des guerriers ou des chefs!

EURYBATÈS.

Tant de braves, ô Dieux d'Hellas! et tant de nefs!

TALTHYBIOS.

Que de bouches mordant la terre où le sang fume,
Que d'étalons mâchant une superbe écume,
Que de lances rompant l'orbe des boucliers,
Que de chars fracassés vides de cavaliers,
Et d'âpres hurlements mêlés au choc des armes!

EURYBATÈS.

Pour une femme, ô Dieux, que de sang et de larmes !

TALTHYBIOS.

Seuls, ici, vieux, sans force et tremblants, nous restons
Près des foyers éteints, ployés sur nos bâtons ;
Mais nos enfants sont morts dans leur vigueur première !

EURYBATÈS.

Comme des spectres nous errons à la lumière.

TALTHYBIOS.

Il ne reviendra plus, l'Atréide divin !
Quelles libations d'eau salée ou de vin,
Quelles cuisses de bœufs, lourdes de double graisse,
Apaiseront jamais l'Érinnys vengeresse
Qui hante, nuit et jour, cette antique maison,
Cet antre de la haine et de la trahison,
Exécrable témoin des vieux crimes des hommes ?

EURYBATÈS.

Silence ! taisons-nous, impuissants que nous sommes !
La femme qui commande avec un cœur de fer
N'attend plus le héros qu'a pris la sombre mer,
Ou que le Priamide a dompté de sa lance.
Pour nous, ayons un bœuf sur la langue. Silence !

TALTHYBIOS.

Et le jeune héritier de ce palais ancien !

Cette honte est sa part, cet opprobre est le sien,
De vivre misérable et sous le fouet servile,
Et de ne plus revoir son peuple ni sa ville,
Hélas !

EURYBATÈS.

Hélas !

TALTHYBIOS.

O Zeus ! assis sur les sommets
Vénérables, dont l'œil ne se ferme jamais,
De qui l'épais sourcil courbe nos pâles têtes
Sous la convulsion tonnante des tempêtes,
O Daimôn très auguste et toujours triomphant,
Entends-nous ! Souviens-toi du père et de l'enfant !

II

Les Précédents, LE VEILLEUR.

LE VEILLEUR, *entrant précipitamment.*

C'est lui ! Mes yeux l'ont vu. Le feu sacré flamboie,
C'est lui ! Le Danaen s'est rué sur sa proie,
Et la grande Ilios s'écroule sous les Dieux !
O sanglante splendeur d'un jour victorieux,
Qui roules de montagne en montagne dans l'ombre,
Salut, flamme ! salut, gloire de la nuit sombre,

Que, sous la pluie et sous les astres éclatants,
Mes yeux ont tant de fois cherchée, et si longtemps !
Patrie ! ils ont mordu, les mâles de ta race,
La gorge Phrygienne avec l'airain vorace ;
Ils ont déraciné la muraille et la tour !
Et voici resplendir l'aurore du retour !

TALTHYBIOS.

Insensé, qu'as-tu dit, et quel songe t'égare ?
Va ! la cendre du Chef gît sur le sol barbare ;
Aucun ne reviendra, de ceux que nous aimons.

EURYBATÈS.

C'est un feu de berger au faîte noir des monts,
Ou quelque rouge éclair du Kronide.

LE VEILLEUR.

                        Non, certes !
J'étais debout, veillant, les paupières ouvertes.
Non ! Le dernier bûcher, le plus haut, pousse encor
A travers la nuée un long tourbillon d'or ;
C'est le signal jailli d'Ilios enflammée.
Je l'atteste ! Ilios est aux mains de l'armée,
Et le Maître, le Roi des hommes, est vainqueur !

III

Les Précédents, KLYTAIMNESTRA.

KLYTAIMNESTRA. — *Elle entre, suivie de ses femmes.*
— *Elle fait un geste.* — *Le Veilleur sort.*

Il a dit vrai. Vieillards, la joie est dans mon cœur.
Comme un torrent d'hiver qui déborde les plaines,
Les Dieux ont déchaîné la fureur des Hellènes.
La lance au poing, la haine aux yeux, l'injure aux dents,
Sur les temples massifs, sur les palais ardents
Que l'incendie avec mille langues hérisse,
J'entends tourbillonner Pallas dévastatrice,
Et la foule mugir et choir par grands monceaux,
Et les mères hurler d'horreur, quand les berceaux,
Du haut des toits fumants écrasés sur les pierres,
Trempent d'un sang plus frais les sandales guerrières.
Ah! la victoire est douce, et la vengeance aussi!
Rendez grâces aux Dieux, vieillards, de tout ceci.
Que de fois ils m'ont prise au filet des vains rêves!
Mais il faut bien payer nos prospérités brèves,
Et c'est peu que dix ans d'attente et de désir,
Quand le prix en est proche, et qu'on va le saisir.
Oui! Le Maître, l'Époux, le Roi des nefs solides,
Revient au noir palais des héros Tantalides,
Et, comme il sied sans doute, il m'y rencontrera!

TALTHYBIOS.

Femme du Chef absent, Reine Klytaimnestra,
Qui commandes la sainte Argos chère aux Daimones,
Certes, nous l'avouons, tes paroles sont bonnes,
Mais l'Espérance est jeune, et nous sommes très vieux !

EURYBATÈS.

L'ineffable avenir est dans la main des Dieux.
Souvent l'essaim léger des visions joyeuses
Illumine la paix des nuits silencieuses.
Crains l'aube inévitable, ô Reine, et le réveil !

KLYTAIMNESTRA.

Suis-je un enfant qui pleure ou rit dans le sommeil ?
Soit ! Il suffit : j'ai vu pour vos vieilles prunelles.
Chantez aux Bienheureux les hymnes solennelles,
Car la flamme infaillible a parlé hautement,
Et les nefs ont fendu Poseidôn écumant,
Et l'éperon d'airain s'enfonce dans le sable.
Il approche, le Chef sacré, l'irréprochable
Porte-sceptre, à qui Zeus accorde le retour,
Mais non pas, ô vieillards, de voir, vivante au jour,
Cette jeune victime aisément égorgée
Dont le sang pur coula pour qu'Hellas fût vengée,
Cette première fleur éclose sous mes yeux
Comme un gage adoré de la bonté des Dieux,
Et que, dans le transport de ma joie infinie,
Mes lèvres et mon cœur nommaient Iphigénie !
Ce qui dut être fait est fait. C'est bien. L'oubli

Convient à l'homme, alors que tout est accompli.
Louez les Dieux ! L'armée a pris la grande Troie.
Je vais à toute Argos annoncer cette joie,
Et, sous le vaste ciel, faire, de l'aube au soir,
De cent taureaux beuglants ruisseler le sang noir.

Elle sort.

IV

TALTHYBIOS, EURYBATÈS,
Le Chœur des Vieillards.

TALTHYBIOS.

Rois Olympiens, vengeurs des faits illégitimes !
Si le feu bondissant luit de cimes en cimes,
Si mes yeux vont revoir le Maître qui m'est cher,
D'où vient cette terreur qui hérisse ma chair ?

EURYBATÈS.

O vous, qui, déroulant les saisons et les heures,
Ramenez dans Argos et ses riches demeures
Le Dompteur de chevaux qui réjouit mes yeux,
Je n'ose vous louer, Protecteurs des aïeux !
Sous un funèbre doigt mes lèvres sont scellées.

TALTHYBIOS.

Images des vieux Chefs, Ombres échevelées,
Qui portez à pas lents sur l'épaule et le dos
Les forfaits accomplis, comme de lourds fardeaux,
Pourquoi m'envelopper d'un murmure de haine ?
Faces des morts couchés par milliers sur la plaine,
Et dans la nuit sinistre en proie aux chiens hurleurs,
Que me demandez-vous, ô Spectres, ô douleurs !

EURYBATÈS.

Hélas ! que me veux-tu, charme de la patrie,
Jeune Vierge, au milieu des délices nourrie,
Qui croissais dans ta grâce et dans ta pureté ?
Ta chair blanche a saigné sur l'autel détesté !

TALTHYBIOS.

La Ville injurieuse est conquise, Dieux justes !
Vous avez renversé ses murailles robustes,
Couché la citadelle au niveau du sillon,
Et chassé vers Argos un morne tourbillon
De vaincus, vils troupeaux bêlant hors des étables !
Mais j'ai le cœur très sombre, ô Dieux inévitables,
O patients Vengeurs longuement suppliés !
Tous les crimes anciens ne sont pas expiés.

EURYBATÈS.

J'entends une rumeur qui roule, immense, et telle
Que la mer.

TALTHYBIOS.

Il est vrai. Que nous annonce-t-elle ?

EURYBATÈS.

Un long cri de victoire et de joie, ô vieillards,
Se mêle par la Ville au bruit strident des chars !
C'est le Maître, entouré de clameurs infinies.

TALTHYBIOS.

Cher Zeus, préserve-le des vieilles Erinnyes !

EURYBATÈS.

Un malheur est caché dans l'ombre, je le crains.
Déesses, qui hantez les gouffres souterrains,
Faites ses derniers jours tranquilles et prospères !

V

Les Précédents, KLYTAIMNESTRA,
AGAMEMNON, KASANDRA,
Guerriers, Matelots, Femmes de Klytaimnestra, Captifs et Captives.

KLYTAIMNESTRA.

O Roi ! franchis le seuil antique de tes pères.

Entre, applaudi des Dieux et des hommes, vivant
Et glorieux, sauvé des flots noirs et du vent,
De la foudre de Zeus et des lances guerrières !
Cher homme, qu'ont suivi mes pleurs et mes prières,
Destructeur d'Ilios, rempart des Akhaiens !
Quand, loin de la patrie, ô Chef, et loin des tiens,
Au travers de la plaine où sonnaient les knémides,
Tu poussais sur le mur massif des Priamides
Un tourbillonnement d'hommes et de chevaux,
Solitaire, livrée en pâture à mes maux,
Errant de salle en salle au milieu des ténèbres,
L'oreille ouverte au vol des visions funèbres,
Moi, j'entendais gémir le palais effrayant ;
Et, de l'œil de l'esprit, dans l'ombre clairvoyant,
Je dressais devant moi, majestueuse et lente,
Ta forme blême, ô Roi, ton image sanglante !
Que peut la morne veuve, hélas ! d'un tel mari ?
Et c'est pourquoi ton fils, l'enfant que j'ai nourri,
L'héritier florissant du sceptre et des richesses,
Vit loin d'Argos et loin des embûches traîtresses.
Tu le verras. Les temps sont passés à jamais
Des songes pleins d'horreur où je me consumais,
Et d'une attente aussi qui semblait éternelle.
Voici l'homme ! Voici l'active Sentinelle
Du seuil, celui qui m'est plus doux et plus sacré
Qu'au lointain voyageur ardemment altéré
Le frais jaillissement de l'eau qui le convie !
Viens donc, ô Maître, orgueil d'Hellas et de ma vie,
Et foule fièrement d'un pied victorieux

Cette pourpre qui mène aux palais des aïeux !

Les femmes de Klytaimnestra étendent des tapis de pourpre devant Agamemnôn.

AGAMEMNÔN.

Je te salue, Argos, de lumière fleurie !
Salut, temples, foyers, peuple de la patrie !
Et vous qui de l'opprobre et de l'iniquité
Avez gardé mon toit depuis longtemps quitté,
Zeus ! Hermès ! Apollôn, Prince aux flèches rapides !
Je vous salue, amis divins des Atréides,
Qui dans l'épais filet patiemment tendu
Avez amoncelé tout un peuple éperdu,
Et qui faites encore, au milieu des nuits sombres,
La tempête du feu gronder sur ses décombres !
Pour toi, femme ! ta bouche a parlé sans raison :
J'entrerai simplement dans la haute maison ;
Je veux être honoré, non comme un Dieu, non comme
Un Roi barbare enflé d'orgueil, mais tel qu'un homme ;
Sachant trop que l'Envie aux regards irrités
Rôde dans l'ombre autour de nos félicités.
Il convient d'être sage et maître de soi, femme !

KLYTAIMNESTRA.

Chère tête, consens ! J'ai ce désir dans l'âme.
Puisque les jours mauvais ne sont plus, il m'est doux
D'honorer hautement et le maître et l'Époux
Et le vengeur d'Hellas. Roi des hommes, sans doute
Cette pourpre t'est due, et plaît aux Dieux.

AGAMEMNÔN.

            Écoute,
Femme! Garde en ton cœur ma parole : obéis!
L'âpre terre, le sol bien-aimé du pays
M'est un chemin plus sûr, plus somptueux, plus large.
J'ai, sans ployer le dos, porté la lourde charge
Des jours et des travaux que les Dieux m'ont commis,
Et n'attends au retour rien que des cœurs amis.
Ni flatteuses clameurs, ni faces prosternées!

 Montrant Kasandra.

Regarde celle-ci. Les promptes Destinées
Sous les pas triomphants creusent un gouffre noir,
Et qui hausse la tête est déjà près de choir.
Donc, fille de Léda, sois douce à l'Étrangère,
Rends moins rude son mal et sa chaîne légère ;
Car les Dieux sont contents quand le maître est meilleur,
Et le sang des héros a nourri cette fleur
Sur un arbre royal dépouillé feuille à feuille.
J'entre. Que la maison me sourie et m'accueille,
Sorti vivant des mains d'Arès, le dur Guerrier!
Et vous, recevez-moi, Daimones du foyer!

 Il entre dans le palais, suivi des guerriers, des matelots, des captifs et des captives.

VI

KLYTAIMNESTRA, KASANDRA, TALTHYBIOS, EURYBATÈS,
Le Chœur des Vieillards, Femmes de Klytaimnestra.

KLYTAIMNESTRA.

Viens, Kasandra! Sans doute il est pesant et rude
Le joug du sort contraire et de la servitude;
Mais tu tombes aux mains de maîtres bons et doux
Qui prendront ta misère en pitié. Viens, suis-nous.

Kasandra reste immobile.

TALTHYBIOS.

Femme, entends-tu?

EURYBATÈS.

        La Reine, ô femme, t'a nommée.

KLYTAIMNESTRA.

Elle reste muette et comme inanimée.
Je n'ai pas le loisir d'attendre, Esclave! Viens!
Les brebis, près du feu, bêlent dans leurs liens;

Les taureaux, couronnés des saintes bandelettes,
Vont mugir, en tirant leurs langues violettes ;
L'orge se mêle au sel, le miel au vin pourpré ;
Le parfum brûle et fume, et le couteau sacré
Près des vases d'argent reluit hors de la gaîne.

Kasandra reste immobile.

Cette femme en démence a les yeux pleins de haine
D'une bête sauvage et haletante encor.
Va ! Nous te forgerons un frein d'ivoire et d'or,
Fille des Rois ! un frein qui convienne à ta bouche,
Et que tu souilleras d'une écume farouche !

Elle entre dans le palais, suivie de ses femmes.
Kasandra est restée immobile.

VII

TALTHYBIOS, EURYBATES,
Le Chœur des Vieillards, KASANDRA.

TALTHYBIOS.

Le langage d'Hellas ne t'est-il point connu ?

KASANDRA.

Dieux ! Dieux ! La coupe est pleine, et mon jour est venu !

EURYBATÈS.

Malheureuse! Pourquoi gémis-tu de la sorte?

KASANDRA.

Que ne suis-je égorgée, ô Dieux, et déjà morte!
L'irrévocable Hadès m'appelle par mon nom.
Où suis-je?

TALTHYBIOS.

Sous le toit royal d'Agamemnôn.

KASANDRA.

O demeure! de l'homme et des Dieux détestée!
Dans quel antre inondé de sang m'as-tu jetée,
Cher Apollôn?

EURYBATÈS.

Elle a, certes, le flair d'un chien!

TALTHYBIOS.

On dirait qu'elle sent l'odeur d'un meurtre ancien,
Ou qu'un souffle augural offense ses narines.

KASANDRA.

Que la sombre maison penche et croule en ruines!

EURYBATÈS.

Pourquoi la maudis-tu si désespérément?

KASANDRA.

Arrête! En vérité, c'est un égorgement
Monstrueux, et le brave est dompté comme un lâche.
Hâtez-vous! Écartez le taureau de la vache!
Ah! ah! le voile épais l'enserre de plis lourds;
Elle frappe, il mugit, elle frappe toujours;
La fureur de ses yeux jaillit comme une flamme,
L'odieuse femelle! Et le mâle rend l'âme!

TALTHYBIOS.

Quel meurtre lamentable annonce-t-elle ainsi?

KASANDRA.

Cher Dieu, pour y mourir, tu m'as traînée ici!

EURYBATÈS.

Maintenant, elle pleure et gémit sur soi-même.
Un Dieu, dis-tu! Lequel?

KASANDRA.

                L'Archer divin qui m'aime!

TALTHYBIOS.

Il t'aime, et te poursuit de sa haine! Comment?

KASANDRA.

Ah! j'ai trompé son âme et trahi le serment;
Et c'est la source, hélas! de mes longues tortures.

Mon regard plonge en vain dans les choses futures ;
Jamais ils ne m'ont crue ! et tous riaient entre eux,
Ou me chassaient, troublés par mes cris douloureux.
Et moi, dans la nuit sombre errant, désespérée,
J'entendais croître au loin l'invincible marée,
Le sûr débordement d'une mer de malheurs ;
Et le Dieu sans pitié, se jouant de mes pleurs,
De mille visions épouvantant mes veilles,
Aveuglait tout mon peuple, et fermait ses oreilles,
Et je prophétisais vainement, et toujours !
Citadelles des Rois antiques, palais, tours !
Cheveux blancs de mon père auguste et de ma mère,
Sables des bords natals où chantait l'onde amère,
Fleuves, Dieux fraternels, qui, dans vos frais courants,
Apaisiez, vers midi, la soif des bœufs errants,
Et qui, le soir, d'un flot amoureux qui soupire
Berciez le rose essaim des vierges au beau rire !
O vous qui, maintenant, emportez à pleins bords
Chars, casques, boucliers, avec les guerriers morts,
Échevelés, souillés de fange et les yeux vides !
Skamandros, Simoïs, aimés des Priamides !
O patrie, Ilios, montagnes et vallons,
Je n'ai pu vous sauver, vous, ni moi-même ! Allons !
Puisqu'un souffle fatal m'entraîne et me dévore,
J'irai prophétiser dans la Nuit sans aurore ;
A défaut des vivants, les Ombres m'en croiront !
Pâle, ton sceptre en main, ta bandelette au front,
J'irai, cher Apollôn, ô toi qui m'as aimée !
J'annoncerai ta gloire à leur foule charmée.

Voici le jour, et l'heure, et la hache, et le lieu,
Et mon âme va fuir, toute chaude d'un Dieu!

EURYBATÈS.

C'est la vérité, femme! et je ne puis m'en taire,
Car ce bruit lamentable a couru sur la terre.
Il est vrai que ces murs malheureux, autrefois,
Ont vu couler le sang et les larmes des Rois;
Mais ces calamités ne doivent plus renaître.

TALTHYBIOS.

Repose-toi sans peur aux sûrs foyers du Maître.
Ton père est mort, ta ville est en cendres, les Dieux
Ont ployé ton cou libre au joug injurieux;
Car il nous faut subir la sombre destinée,
Et c'est pour la douleur que notre race est née.
Les Dieux seuls sont heureux toujours. Mais sache bien
Que ta vie est sacrée, ô femme! et ne crains rien.

KASANDRA.

Insensés! vous aussi vous ne m'aurez point crue!
Écoutez! La clameur lointaine s'est accrue.
Oh! les longs aboiements! Je les vois accourir,
Les Chiennes, à l'odeur de ceux qui vont mourir,
Les Monstres à qui plait le cri des agonies,
Les Vieilles aux yeux creux, les blêmes Érinnyes,
Qui flairaient dans la nuit la route où nous passions!
Viens, lugubre troupeau des Exécrations,

Meute, qui vas, hurlant sans relâche, et qui lèches
Des antiques forfaits les traces toujours fraîches !
Viens ! viens ! Il va tomber sous la hache, et crier
Son dernier cri, le Roi des hommes, le guerrier
Brave et victorieux, sous qui s'est écroulée
Ta muraille, Ilios, hautement crénelée !
O mon peuple, ô mon père, ô mes frères, voyez
Et réjouissez-vous : vos maux sont expiés.
Ah ! ah ! Le Chef divin, le destructeur des villes,
Il s'est pris au riant visage, aux ruses viles,
A la bouche qui flatte, à l'œil faux, à la main
Qui caresse et l'assomme inerte au fond du bain !

EURYBATÈS.

Malheureuse ! tais-toi ! ta parole est terrible.

TALTHYBIOS.

Passe, avant de parler, tes oracles au crible,
Divinatrice ! ou clos ta bouche avec ton poing.

KASANDRA.

Misérables vieillards, ne m'écoutez donc point.
Et toi ! toi dont l'œil d'or dans mes yeux se reflète,
Reprends ton sceptre avec ta double bandelette,
Céleste Archer !

Elle jette son sceptre et arrache ses bandelettes.

Je sens le souffle de la mort,
Et ma chair va frémir sous le couteau qui mord,

Et, dans l'Hadès fleuri de pâles asphodèles
Les Ombres des aïeux vont m'accueillir près d'elles!
Mais, un jour, je serai vengée. Il reviendra,
Celui qui but ton lait fatal, Klytaimnestra!
Le Vagabond nourri d'inexpiables haines,
Le monstrueux Enfant des races inhumaines,
Le Tueur de sa mère, à lui-même odieux,
Et toujours flagellé par la fureur des Dieux!
Maintenant, qu'on me lie, et qu'un seul coup m'achève!
Et que je dorme enfin!

Elle veut entrer dans le palais, et recule.

Oh! le lugubre rêve!
Sentir l'airain me mordre à la gorge, et mon sang
Ruisseler tout entier de mon corps frémissant!
Je n'ose pas, vieillards! j'ai peur! un noir nuage
M'aveugle, et la sueur inonde mon visage.

EURYBATÈS.

S'il est vrai, n'entre pas, malheureuse! va, fuis!
Nous resterons muets. Fuis Argos!

KASANDRA.

Je ne puis.
Il faut entrer, il faut que la Chienne adultère
Près du Maître dompté me couche contre terre.
C'est un suprême honneur, au seul lâche interdit,
Que de braver la mort. Allons!... Et sois maudit,
Palais, antre fatal aux tiens, sombre repaire

De meurtres, où le fils tuera comme le père,
Nid d'oiseaux carnassiers gorgés, mais non repus !
Par la foi violée et les serments rompus,
Par l'affreuse vengeance et le festin impie,
Par les yeux vigilants de la Ruse accroupie,
Par le morne Royaume où roulent les vivants,
Par la terreur des nuits, par le râle des vents,
Par le gémissement qui monte de l'abîme,
Par les Dieux haletants sur la piste du crime,
Par ma Ville enflammée et mon peuple abattu,
Sois éternellement maudit ! maudit sois-tu !

Elle entre dans le palais.

VIII

LES PRÉCÉDENTS, LE CHŒUR DES VIEILLARDS.

TALTHYBIOS.

Puisse Zeus démentir ses paroles amères !

EURYBATÈS.

Hélas ! c'est le souci des hommes éphémères
De suivre, en trébuchant dans l'ombre du chemin,
La mourante lueur d'un jour sans lendemain !

TALTHYBIOS.

Quel homme peut se dire heureux sous les nuées?

EURYBATÈS.

Comme les grandes eaux qui s'en vont refluées
Et semblent disparaître à l'horizon dormant,
Les biens qu'on croit saisir reculent brusquement.

TALTHYBIOS.

Nul ne peut retenir de ses mains inhabiles
Le tourbillon léger des phalènes mobiles.

EURYBATÈS.

Et nul aussi ne peut arrêter dans son cours
Le torrent déchaîné des lamentables jours!

AGAMEMNON, *dans le palais.*

A moi! je suis frappé mortellement. Infâme!
A moi!

TALTHYBIOS.

Grands Dieux! quel cri funèbre!

AGAMEMNON.

       Arrête, femme!
Je meurs.

EURYBATÈS.

C'est l'Atréide ! Un invincible effroi
Rompt mes membres. Courons ! on égorge le Roi.

TALTHYBIOS.

Non ! Pour moi, chers vieillards, ce n'est point ma pensée.
Sans armes, et si vieux ! la tâche est insensée !
Et les bras les plus forts et les plus résolus
Ne rendent point la vie à ceux qui ne sont plus.

EURYBATÈS.

O malédiction de la femme prophète !

IX

LES PRÉCÉDENTS, KLYTAIMNESTRA.

KLYTAIMNESTRA. — *Sa robe est tachée de sang.*
Elle tient une hache.

Moi, moi, je l'ai frappé ! c'est moi ! La chose est faite.
Ah ! ah ! j'ai très longtemps rêvé cette heure-ci.
Que les jours de mon rêve étaient lents ! Me voici
Éveillée et debout ! et j'ai goûté la joie
De sentir palpiter et se tordre ma proie
Dans le riche filet que mes mains ont tissu.

Qui dira si, jamais, les Dieux mêmes ont su
De quelle haine immense, encore inassouvie,
Je haïssais cet homme, opprobre de ma vie !
Trois fois je l'ai frappé comme un bœuf mugissant,
Et, trois fois, le flot tiède et rapide du sang
A jailli sur ma robe, ineffable rosée !
Et plus douce à mon cœur qu'à la terre épuisée
Ta fraîche pluie, ô Zeus, après un jour d'été !

TALTHYBIOS.

J'admire ton audace, et reste épouvanté.

KLYTAIMNESTRA.

Je l'atteste, louez ou blâmez, que m'importe !
J'ai frappé sûrement, vieillards ! la bête est morte.

EURYBATÈS.

O femme, quel poison du noir Hadès venu,
Quel fruit maudit poussé hors d'un sol âpre et nu,
Ont corrodé ta bouche et ton sang ? Quelle rage
A soufflé dans ton cœur ce monstrueux courage
D'égorger ton époux de ces mains que voilà ?
Et qu'as-tu fait aux Dieux pour avoir fait cela ?

KLYTAIMNESTRA.

Mes mains ont accompli l'action que j'ai dite.
Elle est bonne ! et je m'en glorifie.

TALTHYBIOS.

        Ah! maudite!
Mais, au seul bruit du crime horrible où tu te plais,
Tu seras loin d'Argos chassée, et sans délais.
En exécration au peuple, vagabonde,
Et hurlante, semblable à quelque bête immonde,
Tu fuiras sans repos, demain comme aujourd'hui,
Et ton chemin criera sur tes traces!

KLYTAIMNESTRA.

         Et lui!
Et lui qui, plus féroce, hélas! qu'un loup sauvage,
Du cher sang de ma fille a trempé le rivage,
De celle que j'avais conçue, et que j'aimais,
Aurore de mon cœur éteinte pour jamais,
Joie, honneur du foyer! de ma fille étendue
Sur l'autel, et criant vers sa mère éperdue,
Tandis que l'égorgeur, impitoyablement,
Aux Dieux épouvantés offrait son cœur fumant!
Lui, ce père, héritier de pères fatidiques,
On ne l'a point chassé des demeures antiques,
Les pierres du chemin n'ont pas maudit son nom!
Et j'aurais épargné cette tête? Non, non!
Et cet homme, chargé de gloire, les mains pleines
De richesses, heureux, vénérable aux Hellènes,
Vivant outrage aux pleurs amassés dans mes yeux,
Eût coulé jusqu'au bout ses jours victorieux,
Et, sous le large ciel, comme on fait d'un Roi juste,
Tout un peuple eût scellé dans l'or sa cendre auguste?

Non ! Que nul d'entre vous ne songe à le coucher
Sur la pourpre funèbre, au sommet du bûcher !
Point de libations, ni de larmes pieuses !
Qu'on jette ces deux corps aux bêtes furieuses,
Aux aigles que l'odeur conduit des monts lointains,
Aux chiens accoutumés à de moins vils festins !
Oui ! je le veux ainsi : que rien ne les sépare,
Le dompteur d'Ilios et la femme Barbare,
Elle, la prophétesse, et lui, l'amant royal,
Et que le sol fangeux soit leur lit nuptial !

EURYBATÈS.

Tu l'as tuée aussi !

KLYTAIMNESTRA.

Penses-tu que j'hésite ?
J'ai tranché le blé mûr et l'herbe parasite.
Quant à ses compagnons, complices ou témoins
De son crime, ils sont morts. Mais de plus nobles soins
Que la vaine terreur d'une foule insensée,
Désormais, ô vieillards, agitent ma pensée.
Allez ! dites au peuple assemblé tout entier
Que le sceptre est aux mains d'un vaillant héritier,
Du fils de Thyestès, que j'aime !

TALTHYBIOS.

O Dieux ! ô Terre !
Nous, vivre sous les pieds de ce lâche adultère ?

Est-ce à la sainte Argos qu'un tel opprobre est dû,
Femme ?

EURYBATÈS.

Mais le jeune homme indignement vendu,
L'enfant d'un noble père et d'une mère impie,
Orestès est vivant !

KLYTAIMNESTRA.

Qu'il vive, et qu'il expie
La honte d'être né de ce sang odieux !
Je consens qu'il grandisse, éloigné de mes yeux,
Sans patrie et sans nom. C'est assez qu'il respire.
L'exil est dur ? La mort irrévocable est pire.

TALTHYBIOS.

Grands Dieux ! Ton fils aussi, femme, tu le tuerais ?

KLYTAIMNESTRA.

Son père a bien tué ma fille ! Je le hais.
Je hais tout ce qu'aima, vivant, ce Roi, cet homme,
Ce spectre ! Hellas, Argos, la bouche qui le nomme,
Le soleil qui l'a vu, l'air qu'il a respiré,
Ces murs que souille encor son cadavre exécré,
Ces dalles que ses pieds funestes ont touchées,
Les armes des héros par ses mains arrachées,
Et les trésors conquis dans les remparts fumants,
Et ce que j'ai conçu de ses embrassements !

EURYBATÈS.

Courons! Crions la mort du Roi. Qu'Argos se lève!

TALTHYBIOS.

Il faut saisir la hache et dégaîner le glaive,
Et traîner le tyran par les pieds hors des murs!
Les actes les plus prompts, amis, sont les plus sûrs.

EURYBATÈS.

Certes! allons! Il faut que la foule accourue
Dans ce palais fatal, furieuse, se rue.
Hâtons-nous!

KLYTAIMNESTRA.

C'est assez, vieillards, et tout est bien.
L'épouvante est au seuil de chaque citoyen.
Le fils de Thyestès, de l'éclair de sa lance,
Sur toute bouche ouverte a cloué le silence.
Faites ainsi. Sinon, par l'homme châtié
Qui gît là! par les noirs Daimones! sans pitié
Pour votre barbe blanche et pour vos larmes vaines
L'inexorable airain épuisera vos veines:
Vous mourrez tous, vieillards! J'en jure un grand serment.

TALTHYBIOS.

Reine Klytaimnestra, tu parles hardiment.
Nous remettons aux Dieux la vengeance prochaine!

EURYBATÈS.

Mais si la foudre, un jour, sur ton front se déchaîne,
Si l'expiation se mesure au forfait,
Souviens-toi, femme !

KLYTAIMNESTRA.

     Soit ! J'en subirai l'effet.
Quittez ce vain souci dont votre âme est chargée.
Allez !

Les vieillards sortent.

X

KLYTAIMNESTRA, *seule.*

J'aime, je règne ! et ma fille est vengée !
Maintenant, que la foudre éclate au fond des cieux :
Je l'attends, tête haute, et sans baisser les yeux !

DEUXIÈME PARTIE

Orestès

A gauche, le palais de Pélops. A droite, arbres et rochers. Au fond de la scène, un tertre nu, et, au delà, la plaine d'Argos.
Les Khoëphores, portant les coupes des libations et les guirlandes funéraires, sortent du palais, et se rangent en deux demi-chœurs de chaque côté du tertre.

I

KALLIRHOÉ, ISMÉNA,
LE CHŒUR DES KHOËPHORES.

KALLIRHOÉ.

Femmes, sur ce tombeau cher aux peuples Hellènes,

Posons ces tristes fleurs auprès des coupes pleines.
L'offrande funéraire est douce à qui n'est plus.

Elles posent les coupes et les guirlandes.

Il convient, selon l'ordre et le rite voulus,
Que l'illustre Élektra, la tempe deux fois ceinte,
Verse au mort bien-aimé la libation sainte,
Et l'appelle du fond de l'Hadès souterrain.
Ainsi le veut la Femme impie, au cœur d'airain.
De sombres visions brusquement l'ont hantée :
On dit que de l'Époux la face ensanglantée,
Quand vient la nuit divine, habite dans ses yeux,
Et qu'on entend parfois des cris mystérieux
Et d'horribles sanglots à travers la demeure !

ISMÈNA.

Puisse l'Hadès aussi l'entendre ! et qu'elle meure !

KALLIRHOÈ.

Assurément, son âme est en proie aux remords.
La mâchoire du Feu mange la chair des morts ;
Mais l'invincible esprit jaillit de leur poussière.

ISMÈNA.

Quand le meurtre a rougi la terre nourricière,
Quel fleuve, ou quelle mer, a jamais effacé
La souillure du sang aux mains qui l'ont versé ?
Elle tremble aujourd'hui, cette louve traquée,

De voir enfin surgir la vengeance embusquée ;
Car les divinateurs ont révélé ceci,
Que le châtiment veille, et n'est pas loin d'ici.
Ils savent le secret des songes et des charmes.

KALLIRHOÈ.

Pour nous, à qui les Dieux ont tout pris, sauf les larmes,
Soumises au destin de maîtres malheureux,
Laissons notre misère et gémissons sur eux.

ISMÈNA.

Va! sur la noble proie, inerte et chaude encore,
La meute aux yeux ardents hurle et s'entre-dévore !
Nos temples, nos foyers, nos pères d'ans chargés,
Nos frères, nos époux, nos enfants sont vengés :
Troie est morte ! qu'Hellas meure de sa victoire !

KALLIRHOÈ.

O femmes, laissons faire au Sort expiatoire :
Gardons-nous d'ajouter à ces calamités
Par le contentement de nos cœurs irrités.
La bienveillance sied à l'esclave lui-même.

ISMÈNA.

Nous aimons la divine Élektra qui nous aime.
Innocente des maux que nous avons soufferts,
Toujours ses belles mains ont allégé nos fers.
La voici. Que pour elle un jour meilleur renaisse !

II

Les Précédentes, ELEKTRA.

ELEKTRA.

Femmes de la maison, douces à ma jeunesse,
Conseillez mon cher cœur amèrement troublé.
Sur ce tertre où mes pleurs ont tant de fois coulé,
Où gît sans gloire, hélas! celui que je révère,
Que faut-il que je dise à son Ombre sévère?
Que l'Epouse m'envoie à l'Epoux? Ah! grands Dieux!
Ou faut-il que, muette et détournant les yeux,
Ayant versé trois fois la libation due,
De ce funèbre lieu je m'enfuie éperdue?
Ne m'abandonnez pas en cet ennui mortel.

KALLIRHOÈ.

Approche du tombeau comme d'un saint autel,
Et prie, en répandant la coupe funéraire,
L'Ombre auguste du Chef pour Orestès, ton frère.

ISMÈNA.

Elektra! que mon cœur chérit pour ta bonté,
Vers celui que la haine et la ruse ont dompté
Hausse tes blanches mains de vierge, et le supplie,

Afin que toute chose un jour soit accomplie,
Que la justice éclate, et qu'il arrive enfin,
L'enfant prédestiné, le jeune homme divin,
L'irréprochable fils d'une effrayante mère.

KALLIRHOÉ.

Pour tous ceux qu'il aima dans la vie éphémère,
Prie, ô noble Élektra, ton père vénéré;
Et les Dieux entendront ton appel éploré.

ÉLEKTRA *prend une coupe et s'approche du tombeau.*

Hermès! prompt Messager qui montes d'un coup d'aile
De la pâle Prairie où germe l'asphodèle
Jusques au pavé d'or des Princes de l'Aithèr,
A toi d'abord, Hermès, le vin pur du Kratèr!

Elle verse la libation.

Daimones très puissants, Rois de la terre antique,
Qui siégez côte à côte en son ombre mystique,
Toi, Dieu terrible, et toi qui fais germer les fleurs,
O Déesse! écoutez le cri de mes douleurs:
Faites que l'Atréide, errant dans l'Hadès blême,
Exauce le désir de son enfant qui l'aime!

Elle verse la seconde libation.

Maintenant, ô mon père, entends aussi ma voix,
Et, du fond de la Nuit irrévocable, vois!
Je gémis, opprimée, et ton fils est esclave!
Ta demeure est aux mains d'un lâche qui te brave,

Qui tient ton lit, ton sceptre, et dévore tes biens,
O Vénérable, entends mes prières! Oh! viens,
Viens! Se glorifiant du meurtre qui la souille,
Celle qui t'égorgea nous hait et nous dépouille.
Chère Ombre! sois terrible à ce couple pervers,
Et dresse le Vengeur promis à nos revers!

Elle verse la troisième libation. — Orestès sort du milieu des rochers.

III

Les Précédents, ORESTÈS.

ORESTÈS.

Les Dieux accompliront tes vœux, ô noble fille!
La nuée est déjà moins sombre où l'aube brille,
Et la mer est moins haute, et moins rude le vent.

ÉLEKTRA.

Que nous veut l'Étranger?

ORESTÈS.

     Orestès est vivant.
Il approche, il est là. — Si tu l'aimes, silence!
Ne crois pas qu'il recule ou que son cœur balance;

Il vengera d'un coup son père avec sa sœur.

ÉLEKTRA.

O parole sacrée et pleine de douceur!
Orestès est vivant?

ORESTÈS.

Femme, il vit. Je l'atteste.

ÉLEKTRA.

O Dieux, cachez-le bien à ce couple funeste!
Mais, Étranger, d'où vient que tu parles ainsi?
Dis-tu vrai? Mon cœur bat, mon œil est obscurci.
Ne me trompes-tu pas? As-tu suivi sa trace?
Orestès! Lui! L'espoir unique de sa race!
Il respire? O mes yeux, de larmes consumés!
Que je le voie, et meure entre ses bras aimés!

ORESTÈS.

Chère Élektra, c'est moi! je suis ton frère. Écoute!
Qu'il n'y ait dans ton sein ni tremblement, ni doute:
Reconnais-moi, je suis ton frère! Oui, par les Dieux!
Crois-en les pleurs de joie échappés de mes yeux,
Et le cri de ton cœur. Je suis ton sang lui-même,
Ton souci, ton regret, et ton espoir. Je t'aime!
O Princes, qui siégez dans la hauteur du ciel,
Soyez témoins! Et toi, sépulcre, saint autel,
Et toi, vieille maison des aïeux! rochers sombres,

Feuillages qui m'avez abrité de vos ombres,
Terre de la patrie, ô sol trois fois sacré,
Parlez tous! Soyez tous témoins que je dis vrai,
Qu'Orestès est vivant, et que je suis cet homme!

ÉLEKTRA.

Oui, c'est toi, douce tête! Oui, tout mon cœur te nomme!
O rêve de mes nuits, cher désir de mes jours,
Que je n'attendais plus, que j'espérais toujours!
Oui, je te reconnais, ô mon unique envie!
Mon âme en te voyant se reprend à la vie,
Ami longtemps pleuré! Tu dis vrai, je te crois:
Tous mes maux sont finis. Tu seras à la fois
Mon père qui n'est plus, ma sœur des Dieux trahie,
Et cette mère, hélas! de qui je suis haïe.
Viens, et, me consolant de tous ceux que j'aimais,
O mon frère, sois-moi fidèle pour jamais!

ORESTÈS.

Rien ne brisera plus cet amour qui nous lie:
Que l'Hadès m'engloutisse avant que je t'oublie!

ÉLEKTRA.

Mais du fond de l'exil, ami, dis-moi, quel Dieu,
Quel oracle te pousse en ce sinistre lieu?
Le sais-tu? C'est ici qu'un homme lâche et sombre
Se repait de nos pleurs et de nos biens sans nombre,
De l'Épouse perfide et d'un peuple opprimé!

Aigisthe est là, prends garde! — O frère bien-aimé,
Sais-tu l'enchaînement des noires Destinées,
Le meurtre de ton père après les dix années,
Et la femme sanglante, et l'impudique amant?

ORESTÈS.

J'ai vécu dans l'opprobre et l'asservissement,
Ployant mon cou rebelle au joug d'un maître rude;
Mais d'anciens souvenirs hantaient ma solitude,
Mille images : un homme aux yeux fiers, calme et grand
Comme un Dieu; puis, sans cesse, un peuple murmurant
De serviteurs joyeux empressés à me plaire;
Des femmes, un autel, la maison séculaire,
Et les jeux de l'enfance, et l'aurore, et la nuit;
Puis, dans l'ombre, un grand char qui m'emporte et s'enfuit;
Et l'injure, et les coups, et le haillon servile,
L'eau de la pluie après la nourriture vile;
Et toujours ce long rêve en mon cœur indompté,
Que je sortais d'un sang fait pour la liberté!
Et j'ai grandi, j'ai su les actions célèbres:
Ilios enflammée au milieu des ténèbres,
La gloire du retour, le meurtre forcené,
Et le nom de mon père, et de qui j'étais né!
Oh! quel torrent de joie a coulé dans mes veines!
Comme j'ai secoué mon joug, brisé mes chaînes,
Et, poussant des clameurs d'ivresse aux cieux profonds,
Vers la divine Argos précipité mes bonds!

ÉLEKTRA.

O fils d'un héros mort, crains ta mère inhumaine!

Pour ses enfants, hélas! elle est chaude de haine.
Malgré mes pleurs, mes cris, l'étreinte de mes bras,
A peine reconnu, mon frère, tu mourras!

ORESTÈS.

Rassure ton cher cœur. Va! le Dieu qui m'envoie
Saura bien aveugler ces deux bêtes de proie.
Je l'envelopperai sûrement du filet
De la ruse, tout lâche et défiant qu'il est;
Et, si Zeus Justicier m'approuve et me seconde,
Je le tuerai comme on égorge un porc immonde!
Pour ma mère, les Dieux justes m'inspireront,
Puisque l'heure est venue, il convient d'être prompt;
La soif du sang me brûle, et le Destin m'entraîne.
Femmes, qu'une de vous se hâte vers la Reine,
Et dise: « Un voyageur qui nous est inconnu,
« O fille de Léda, dans Argos est venu.
« Il annonce — que Zeus fasse mentir sa bouche! —
« Qu'Orestès est couché sur la funèbre couche. »
Elle viendra joyeuse!

A Élektra.

Et toi, ma sœur, gémis;
Accuse hautement les Destins ennemis;
Sur le père et le fils, sur notre race éteinte,
Répands toute ton âme en une ardente plainte;
Lamente-toi, ma sœur! lève les bras aux Cieux!
Pleure ma mort enfin, et laisse agir les Dieux.

*Une des femmes rentre dans le palais. Orestès
prend une coupe et s'approche du tombeau.*

Père, père ! Entends-moi dans l'argile trempée
De larmes. Tu n'as point, par la lance et l'épée,
Rendu l'âme au milieu des hommes, ô guerrier !
Comme il sied, le front haut et le cœur tout entier.
Un bûcher glorieux de grands pins et d'érables
N'a point brûlé ta chair et tes os vénérables ;
Et ta cendre héroïque, aux longs bruits de la mer,
Ne dort point sous un tertre immense et noir dans l'air.
Non ! Comme un bœuf inerte et lié par les cornes,
Et qui saigne du mufle en roulant des yeux mornes
Le Porte-sceptre est mort lâchement égorgé !
Père, console-toi : tu vas être vengé !

Il verse la libation.

KALLIRHOË.

La clémence est semblable à la neige des cimes :
Immortellement pure en ses blancheurs sublimes,
Elle rayonne au cœur des sages, ses élus ;
Mais quand le sang la touche, il n'en disparaît plus :
La souillure grandit sans cesse, ronge, creuse,
Et la neige s'écroule en une fange affreuse.
O jeune homme irrité, laisse aux Dieux de punir !

ISMÉNA.

Non ! C'est dans le passé que germe l'avenir ;
C'est la loi qui commande à la race perverse
Qu'un sang nouveau, toujours, paye le sang qu'on verse ;
L'inévitable mal revient à qui l'a fait,

Et chaque crime engendre un plus sombre forfait.
Qu'importe la clémence à la Justice auguste ?
Venge ton père, ami ! car cela seul est juste.

ÉLEKTRA.

Une vague terreur fait trembler mes genoux !
Du fond de ce tombeau, mon père, inspire-nous !

ORESTÈS.

L'Infaillible a pesé ceux-ci dans sa balance.
Ce qui sera, sera. Tout est dit.

Klytaimnestra paraît sous le portique. Orestès l'aperçoit.

Ah ! Silence !
Quelqu'un vient. Dis-moi, sœur ! cette femme qui sort
Du palais, grande et blanche, et pareille à la Mort,
Quelle est-elle ? Quel est son nom ? Toi qui m'es chère,
Réponds-moi. Tout mon cœur a frémi.

ÉLEKTRA.

C'est ta mère !

IV

Les Précédents, KLYTAIMNESTRA.

KLYTAIMNESTRA, *à Élektra*.

Est-ce l'homme ?

ÉLEKTRA.

C'est lui.

KLYTAIMNESTRA.

Certes, j'ai vu ces yeux
Dans mes songes! Cet homme a le front soucieux.
C'est quelque mendiant vagabond, plein de honte
Ou de frayeur. — Approche, Étranger. On raconte
Que tu nous portes un bruit de mort. Est-il vrai?
Je suis Klytaimnestra. Parle! je t'entendrai.

ORESTÈS.

Noble femme, il est dur, et sans doute peu sage,
D'apporter brusquement un funèbre message,
Et c'est répondre mal au bienveillant accueil
Que de parler de mort sur les marches du seuil;
Mais je pense que, si la nouvelle est mauvaise,
Elle est d'un intérêt trop grand pour qu'on la taise.

KLYTAIMNESTRA.

Tu penses prudemment. Rassure tes esprits:
Par quelque autre, plus tard, nous aurions tout appris.
Notre hospitalité ne t'en est pas moins due.

ORESTÈS.

Reine, je cheminais dans la montagne ardue,
En Phocide, et non loin de Daulis. Vers le soir,
Près de moi, sur la route, un homme vint s'asseoir,

Déjà vieux, et courbé sur un bâton d'érable,
Nous causions. Il me dit : « Un Dieu m'est favorable,
« Ami, puisque tu vas au pays Argien.
« Mon nom est Strophios, de Daulis. Garde bien
« Ce nom dans ton oreille, afin que l'on te croie ;
« Car, souvent, qui se fie en aveugle est la proie
« De la ruse, et les soins tardifs sont superflus.
« Va donc. Dis aux parents d'Orestès qu'il n'est plus,
« Que dans l'urne d'airain sa cendre est enfermée ;
« Et sache de sa mère auguste et bien-aimée
« S'il faut que je la rende, ou la garde en ces lieux,
« Ce qu'elle ordonnera sera fait pour le mieux. »
Reine, ainsi m'a parlé le vieil homme. J'ignore
Le reste. Mais, demain, dès la première aurore,
Je retourne à Daulis. Que dirai-je en ton nom ?
Veux-tu qu'il rende l'urne où sont les cendres ?

KLYTAIMNESTRA.

                                          Non.
Tu diras qu'il la garde, et qu'il l'ensevelisse.

ÉLEKTRA.

O race misérable et vouée au supplice !
Mon frère, ma dernière espérance ! Je meurs.

KLYTAIMNESTRA.

A quoi sert de pleurer ? A quoi bon ces clameurs ?
Les cris n'éveillent point les morts.

ÉLEKTRA.

                      O chère tête !
Les Dieux ont englouti dans la même tempête
Le père plein de gloire et le fils malheureux.
Tu n'es plus, frère !

KLYTAIMNESTRA.

                Assez tant larmoyer sur eux !
Crains plutôt de gémir sur toi-même, insensée !

ÉLEKTRA.

Sombre Exécration, sur nos fronts amassée,
Est-ce ton dernier coup ?

KLYTAIMNESTRA.

                    Non, si tu n'obéis.

ÉLEKTRA.

Vivant ou mort, toujours chassé de ton pays,
Frère, tu dormiras dans la terre éloignée :
Ta cendre de mes pleurs ne sera point baignée !

KLYTAIMNESTRA.

Les ordres que je t'ai donnés, médite-les.
Tu feras sagement. — Suis-moi dans le palais,
Étranger. Il convient que tu parles au Maître,
L'avis étant de ceux qu'on ne peut pas remettre.

A Élektra et aux Khoèphores.

Pour toi, pour vous aussi, femmes, sur ce tombeau
Versez le vin funèbre, apaisez de nouveau
Par les chants consacrés l'Ombre irritée encore,
Et rendez à mes nuits le sommeil que j'implore !
 Elle rentre dans le palais, suivie d'Orestès.

V

ÉLEKTRA, KALLIRHOÉ, ISMÉNA,
Le Chœur des Khoèphores.

KALLIRHOÉ.

Cette femme n'a point reconnu son enfant !

ISMÉNA.

Sans doute il est aimé d'un Dieu qui le défend.
Aussi bien, il est doux, après les nuits sans nombre,
De n'entendre plus rien d'invisible dans l'ombre,
En arrière, et de voir avec des yeux hardis
L'aube croître et le jour tomber. Je vous le dis :
Elle croit qu'il est mort, et l'embûche est certaine !

ÉLEKTRA.

Hélas ! toujours l'attente, et l'angoisse, et la haine !
Après la sombre veille un sombre lendemain,

Et jusques au tombeau toujours l'âpre chemin !
Qu'avons-nous fait, ô Zeus, pour cette destinée ?
Quel crime ai-je commis depuis que je suis née ?
Et mon cher Orestès, où donc est son forfait ?
Nos pères ont failli ; mais nous, qu'avons-nous fait ?
Si pour d'autres il faut que l'innocent pâtisse,
Qu'est-ce que ta puissance, ô Zeus, et ta justice ?

KALLIRHOÈ.

Fille d'Agamemnôn, toi qui parles ainsi,
Dans la sainte Ilios qu'avions-nous fait aussi,
Quand, sur les flots battus par l'aviron rapide,
La fatale Héléna suivit le Priamide ?
Hélas ! l'enfant, la mère, et le père et l'aïeul,
Tout un peuple a payé pour le crime d'un seul !

ÉLEKTRA.

O femmes, il est vrai, grandes sont vos misères.

ISMÈNA.

Exaucez nos désirs et nos larmes sincères :
Sur le seuil qui jadis nous fut hospitalier
Couvrez ces deux enfants de votre bouclier !

ÉLEKTRA.

Ah ! puisque la Justice auguste est son partage,
Rendez à l'héritier son antique héritage,
Chers Dieux !

KALLIRHOÈ.

Le Maître est mort, que nous avons aimé.
Dieux ! gardez-nous son fils.

ÉLEKTRA.

                    Inconnu, désarmé,
Il est seul contre tous !

ISMÈNA.

                    Non ! Dans ce noir repaire
Il entre accompagné du Spectre de son père !

ÉLEKTRA.

O Roi des hommes, viens, grande Ombre ! c'est l'instant.
Précède au bon combat le jeune combattant ;
Habite dans son cœur, roidis sa main virile,
Père ! et ne laisse pas la vengeance stérile
Épargner le voleur du sceptre et du foyer,
Trop impur pour que Zeus songe à le foudroyer !

KALLIRHOÈ.

Et ta mère, enfant ?

ÉLEKTRA.

                    Dieux ! Eh bien ! que dis-tu d'elle ?

ISMÉNA.

Rien, sinon que l'Hadès est un gardien fidèle !
On entend des cris dans le palais. Un serviteur traverse la scène en courant.

VI

Les Précédentes, Le SERVITEUR.

LE SERVITEUR.

Au meurtre ! on a tué le Maître ! Accourez tous.
Malheur ! Gardez la Reine, et tirez les verrous !
Hélas ! pour celui-ci la chose est sans remède...
Le fils de Thyestès est mort ! Au meurtre ! à l'aide !

Il sort à droite.

VII

ÉLEKTRA, KALLIRHOÉ, ISMÉNA,
Le Chœur des Khoèphores.

KALLIRHOÉ.

Ton frère irréprochable a frappé l'homme !

ISMÈNA.

            Bien !
Que le jeune héros frappe, et n'épargne rien !

ÉLEKTRA.

O Zeus ! sauve mon frère en ce combat suprême !
Moi, je mourrai, s'il meurt.

KALLIRHOÈ.

      Zeus ! conduis-le toi-même.

ISMÈNA.

Dans son sentier sanglant qu'il aille jusqu'au bout
Il est mort s'il recule et s'il n'achève tout.

On entend de nouveaux cris.

ÉLEKTRA.

Dieux ! la rumeur redouble.

KALLIRHOÈ.

        On crie, on se lamente
Lugubrement.

ISMÈNA.

    Ah ! ah ! l'inconsolable amante
Avec de longs sanglots pleure l'amant.

Klytaimnestra, pâle et agitée, paraît sous le portique.

ÉLEKTRA.

Grands Dieux !
Ma mère !

KALLIRHOÉ.

L'épouvante a dilaté ses yeux.

ISMÈNA.

C'est qu'elle sent venir les Heures éternelles,
Et l'horreur de la mort jaillit de ses prunelles !
Élektra et les Khoèphores s'enfuient.

VIII

KLYTAIMNESTRA.

KLYTAIMNESTRA. — *Elle marche, égarée, çà et là.*
C'est vrai, j'ai fui ! Quel est ce mendiant, tueur
De Rois ? Je ne sais pas. Ma face est en sueur.
L'audace de cet homme est un sombre prodige !
J'entre, il me suit : « Voici le roi d'Argos, » lui dis-je.
Le voyant sur le seuil humblement arrêté,
Le fils de Thyestès l'accueille avec bonté :
« Étranger, ne crains rien. Qu'un Dieu te soit propice !
« Car tu franchis mon seuil sous un heureux auspice. »
L'homme approche, et raconte au Chef ce qu'il m'a dit.

Il avance en parlant ; puis, brusquement, bondit,
Et plonge un long couteau dans la gorge du Maître !
Je crie. Un serviteur accourt, pour disparaître
En hurlant... Et tandis que l'homme furieux
Redouble, je m'enfuis, les deux mains sur les yeux !
Pourquoi donc ai-je fui ? Pourquoi me suis-je tue ?

Elle retourne vers le portique en criant.

Hommes, gardes, à moi ! Qu'on saisisse, qu'on tue
L'Étranger ! Oh ! malheur ! Au meurtre ! au meurtre ! holà !
Tuez le vagabond tout sanglant !

Orestès sort du portique, le couteau à la main.

IX

KLYTAIMNESTRA, ORESTÈS.

ORESTÈS.

Reste là !
Pas un cri, pas un souffle ! Ah ! ah ! je te tiens, femme !
L'heure est venue : il faut que je te parle.

KLYTAIMNESTRA.

Infâme
Vagabond, que veux-tu ? Je ne te connais point.
Lâche ! que t'ai-je fait ?

ORESTÈS.

Ne serre pas le poing !
Serre les dents plutôt, femme ! Ouvre toutes grandes
Tes oreilles. Je vais te dire. Tu demandes
Qui je suis ! Tu ne sais, et tu ne pressens rien,
Et ton cœur est toujours de fer, toujours ? C'est bien.
Je suis ton fils !

KLYTAIMNESTRA.

Mon fils est mort, tais-toi ! Tu railles
Affreusement.

ORESTÈS.

Tu m'as porté dans tes entrailles.
Tel que les Dieux et toi l'avez fait, tel qu'il est,
Reconnais ton enfant. C'est moi. J'ai bu ton lait,
J'ai dormi sur ton sein, et je t'ai dit : « Ma mère ! »
O souvenirs, ô jours de ma joie éphémère !
Et toi, tu souriais, m'appelant par mon nom !

KLYTAIMNESTRA.

Dirais-tu vrai, grands Dieux !

ORESTÈS.

N'approche pas, sinon
Je te tuerai, sans plus parler ni plus attendre.
Écoute ton fils, mère irréprochable et tendre !
Sans respect pour le sang des héros dont je sors,

Tu m'as tout pris, mon nom, mon peuple, mes trésors,
La liberté qui fait la moitié de notre âme !
Oui, pour mieux accomplir l'abominable trame,
Tu m'as vendu, tu m'as, loin du royal berceau,
Dans la fange, ô fureur ! jeté comme un pourceau !
J'ai ployé sous les coups, j'ai sué sous l'outrage,
J'ai troublé l'air du ciel de mes longs cris de rage,
J'ai maudit la lumière, et l'Ombre, et les Dieux sourds,
Et j'ai cent ans, n'ayant vécu que peu de jours !
Mais qu'importe ! Ceci n'est rien. Mes pleurs, ma honte,
Et ta haine, et mes maux dont j'ignore le compte,
Et l'endurcissement à ton cœur familier,
Je te pardonne tout, et veux tout oublier.
Ta tête m'est sacrée en ma propre querelle ;
Mais l'expiation d'un grand crime est sur elle !
Tu mourras pour cela. Les temps sont révolus.

KLYTAIMNESTRA.

On ne peut pas tuer sa mère !

ORESTÈS.

                    Tu n'es plus
Ma mère. C'est un Spectre effrayant qui t'accuse
Et qui te juge. Toi, tu te nommes la ruse,
La trahison, le meurtre et l'adultère. Il faut
Que tu meures ! Un Dieu me fait signe d'en haut,
Et mon père, du fond de l'Hadès, me regarde
Fixement, irrité que la vengeance tarde.

Mais, avant de tomber sanglante sous ma main,
Parle, apaise l'époux égorgé dans le bain ;
Car, sur le sable blême où roule le noir Fleuve,
Il attend à l'affût son odieuse veuve !

KLYTAIMNESTRA.

Respecte, mon enfant, le sein qui t'a nourri !

ORESTÈS.

Ne parle pas au fils, femme ! parle au mari.
Moi je te frapperai, mais lui t'a condamnée.

KLYTAIMNESTRA.

C'est l'Érinnys, enfant, sur ta race acharnée,
C'est elle, le Daimôn ineffable et sans frein,
Par qui ton père est mort sous la hache d'airain.
Elle a troublé mon cœur, hélas ! longtemps austère,
Et m'a précipitée aux bras de l'adultère.
Ce n'est pas moi, c'est elle ! Enfant, qu'ai-je gagné
Au meurtre ? Nuit et jour n'en ai-je pas saigné ?
Répondez, murs témoins de mes veilles affreuses !
Et toi, toujours debout dans mes yeux que tu creuses,
Fantôme du héros, image de l'Époux,
Réponds ! — O mon enfant, j'embrasse tes genoux !
Ne verse pas mon sang !

ORESTÈS.

As-tu tout dit ?

KLYTAIMNESTRA.

                                    Arrière !
Prends garde à toi, si tu n'écoutes ma prière.
Crains d'entendre aboyer le troupeau haletant
Des Spectres de l'Hadès ! Mon cher fils, un instant !
Non ! non ! tu ne veux pas sans doute que je meure...
Oh ! je voudrais vieillir dans l'antique demeure !

ORESTÈS.

Toi ! tu vivrais ici, toi ! Qu'en diraient les Dieux,
Les hommes, la maison, nos enfants, nos aïeux ?
Il faut mourir, il faut que le sort s'accomplisse.
Viens ! je vais te coucher auprès de ton complice
Qui gît là, dans son sang immonde, tel qu'un chien.
Désormais, comme hier, son lit sera le tien.
Puisque tu l'as aimé, rejoins qui te réclame,
Et rentre dans ses bras, afin d'y rendre l'âme !
Hâte-toi, hâte-toi, femme ! si tu ne veux
Que je te traîne par les pieds ou les cheveux !

KLYTAIMNESTRA.

Dieux ! Èlektra, ma fille ! Encore une fois, grâce,
Mon fils !

ORESTÈS.

    Je suis aveugle et sourd.

KLYTAIMNESTRA.

                          O monstre ! ô race

Horrible ! Je le vois, rien ne le peut toucher,
Ce cœur inexorable et dur comme un rocher.
Mes supplications, sois content, sont finies...
Malheureux ! je te voue aux blêmes Érinnyes,
Aux Chiennes de ta mère ! à l'éternel tourment
De boire, dans tes nuits d'horreur, mon sang fumant ;
Partout, de l'aube au soir, d'entendre sans relâche
Le râle de ta mère, et de fuir comme un lâche,
Farouche, pourchassé, misérable et maudit !
Arrête ! attends encor. J'aurai bientôt tout dit.
Enfin, oui, sache-le. Que cela t'épouvante
Et redouble ta rage... Oui, monstre ! je m'en vante :
Le héros qui gît là dans son sang m'était cher !
J'ai tué l'Atréide, et j'ai coupé sa chair
Par morceaux ! Seulement ceci me désespère,
D'avoir manqué le fils en égorgeant le père !

ORESTÈS *se jette sur elle et la tue.*

Tiens ! Tiens ! Meurs donc ! Assez de hideuses clameurs !

KLYTAIMNESTRA *recule en chancelant.*

C'est fait... Tu m'as tuée... Ah !

Elle tombe. — Se relevant à demi :

Sois maudit !

Elle retombe morte.

ORESTÈS.

Va ! meurs !
Tu souillais l'air sacré que tout homme respire.

X

ORESTÈS, Le cadavre de Klytaimnestra, ÉLEKTRA.

ÉLEKTRA.

Mon frère, qu'as-tu fait ? Horreur ! ton crime est pire
Que tous les siens... C'était ta mère !

ORESTÈS.

                            Grands Dieux ! quoi ?
Tu pleures cette femme ?

ÉLEKTRA.

                       Hélas ! malheur à toi,
Qui m'es horrible et cher ! Quel Dieu te l'a livrée,
Cette tête effrayante, odieuse et sacrée ?
O meurtre inexpiable ! ô lamentables coups !
Que ne pardonnais-tu, frère ? Malheur à nous !
Malheur à toi, c'était ta mère !

Élektra se couvre la tête et s'enfuit.

XI

ORESTÈS, LE CADAVRE DE KLYTAIMNESTRA;
puis, LES ÉRINNYES.

ORESTÈS.

Eh bien! qu'importe?
J'ai racheté mon sang, et la vipère est morte.
Elle empoisonnait tout de sa morsure. Elle a
Tué l'homme et vendu l'enfant... Mais la voilà
Tranquille maintenant, et pour jamais, je pense.
Des équitables Dieux j'attends ma récompense!

Il regarde le cadavre.

Qu'elle est grande! On dirait qu'elle m'écoute... Non!
Je l'ai frappée au cœur, sûrement. L'acte est bon.
Justice est faite. Il faut que tout forfait s'expie.
Ils siégeaient, triomphants, dans leur puissance impie,
Les mains chaudes du meurtre; ils se disaient, contents:
« Nous avons tout, le trône et le sceptre éclatants,
« Et la vieille maison du roi Pélops! nous sommes
« Les Dynastes d'Argos et les pasteurs des hommes;
« Commandons, aimons-nous, et vivons sans remords. »

Et moi, je viens, je frappe ; et les tyrans sont morts !
Maintenant, de ceci j'effacerai les traces :
L'une au bûcher funèbre, et l'autre aux chiens voraces.
Que le peuple s'empresse à l'Agora ! Demain,
Le sceptre paternel brillera dans ma main ;
Parmi les Chefs vaillants je m'assoirai, semblable
Aux Dieux ; avec le bruit de la mer sur le sable,
Hellas acclamera mon nom, disant : « C'est bien.
« Il a vengé son père, et reconquis son bien ! »

Il regarde le cadavre.

Pourquoi ne pas fermer ta sanglante paupière,
Cadavre ? Que veux-tu ? Va ! mon cœur est de pierre !
Je ne crains rien, j'ai fait pour le mieux. C'est assez !
Ne me regarde pas de tes yeux convulsés !
Je t'ensevelirai, toi, mes maux, et le reste,
Dans l'oubli, comme il sied d'un souvenir funeste.
A quoi bon épier mes gestes et mes pas ?
Regarde dans l'Hadès, ne me regarde pas !

Il lui ramène sur la face un pan du péplos. —
Tendant les bras vers le tombeau.

Et toi qu'ils ont couché sous ce tertre sans gloire,
Père ! monte à travers la nuit silencieuse et noire,
Apparais à toi, fils qui te venge aujourd'hui !
Il t'appelle, ô chère Ombre ! Entends-le, viens, dis-lui
Que vous avez tous les Dieux du ciel et de l'abîme

L'action qu'il a faite est droite et légitime !

Deux Érinnyes se dressent de chaque côté du tombeau.

Ah ! qu'est-ce que cela ? D'où viennent celles-ci ?
Vieilles femmes, parlez : que faites-vous ici ?

Trois Érinnyes apparaissent autour du cadavre.

Encore ! Par les Dieux ! ces faces de squelettes
Pour mordre ont retroussé leurs lèvres violettes.
Ah ! Monstres, vous grincez des dents affreusement !
Arrière !

Les Érinnyes apparaissent de tous côtés.

En vérité, c'est un fourmillement
De spectres ! et je suis traqué comme une proie !
L'épouvante me prend à la gorge, et la broie !
Non, ce n'est point un songe, et je suis là, debout,
Éveillé ! Malheureux ! c'est cela, je sais tout :
Ce sont Elles, ce sont les Chiennes furieuses
De ma mère !... Pourquoi rester silencieuses ?
A qui me montrez-vous de vos doigts décharnés,
O Louves de l'Hadès ? Je vous attends, venez !
Vous ne vous trompez pas. C'est moi ! je l'ai frappée !
Voyez ce sang. La terre en est toute trempée.
*Inonde les pieds, il me brûle les mains.
Mais, *vous* *savez*, ô Monstres inhumains,
Elle a tué mon père ! Eh bien ! j'ai fait justice !
La voici morte. Que l'abîme l'engloutisse,

Avec sa trahison, sa haine et sa fureur !
Ah ! ah ! vous vous taisez, Monstres !

Les Érinnyes se jettent toutes sur lui.

Horreur !

Il s'enfuit. D'autres Érinnyes lui barrent le chemin.

Horreur !

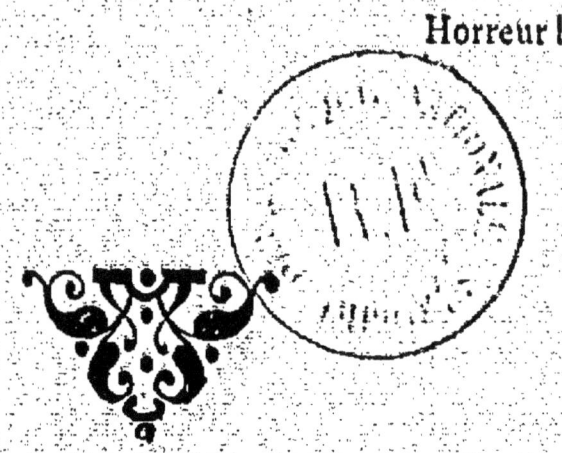

TABLE

TABLE

	Pages
L'Apothéose de Mouça-al-Kébyr	1
La Tête de Kenwarc'h	15
Dans le ciel clair	17
Le Suaire de Mohhâmed-ben-Amer-al-Mançour. . .	19
L'Astre rouge.	24
La Lampe du Ciel	26
Pantouns Malais	28
L'Illusion suprême.	36
Villanelle.	40
Sous l'épais Sycomore.	42
Le Talion.	44
Les Roses d'Ispahan	48

	Pages
L'Holocauste	50
La Chasse de l'Aigle	53
La Résurrection d'Adônis	57
Les Siècles maudits	59
L'Orbe d'or	61
Le Chapelet des Mavromikhalis	63
Épiphanie	66
L'Incantation du Loup	68
Le Parfum impérissable	70
Sacra fames	72
L'Albatros	74
Le Sacre de Paris	76
Si l'Aurore	82
Hiéronymus	85
L'Aboma	102
A un Poète mort	105
La Bête écarlate	107
Le Lévrier de Magnus	112
Le frais matin dorait	143
Le Calumet du Sachem	145
Le dernier Dieu	149
Le Secret de la vie	152
Les inquiétudes de don Simuel	154
Le Romance de Don Fadrique	159
Le Romance de Doña Blanca	164
La Maya	169
Les Érinnyes	171

Achevé d'imprimer

le quinze mars mil huit cent quatre-vingt-six

PAR

ALPHONSE LEMERRE

25, RUE DES GRANDS-AUGUSTINS, 25

A PARIS

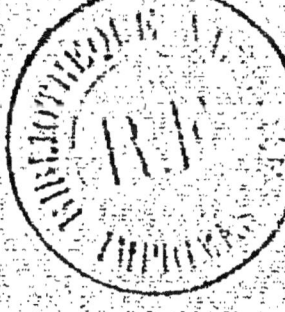

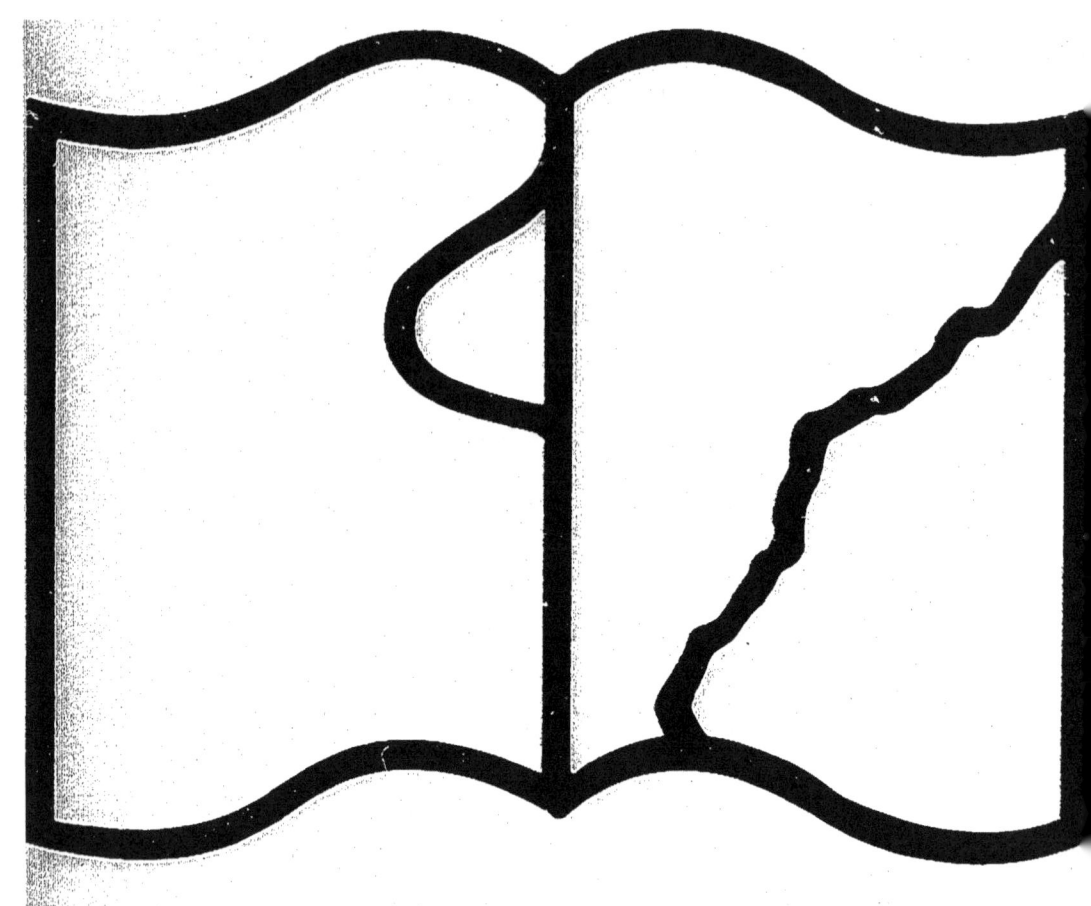

Texte détérioré — reliure défectueuse

NF Z 43-120-11

www.ingramcontent.com/pod-product-compliance
Lightning Source LLC
Chambersburg PA
CBHW070529170426
43200CB00011B/2374